찾아냈다!

유대인의 생각법, 처세술, 대화법, 독서법, 공부법

1등
천재머리법

정병태 지음

탈무드
지혜

 똑똑하게
말하기

 유대인
공부법

 천재들의
생각법

 돈공부

한덤북스

1등
천재머리법

아직 하지 않은 말은

돌이킬 수 있되,

이미 해버린 말은

돌이킬 수 없다.

- 유대인 랍비 '솔로몬 가비롤'

1등

천재머리는

지식 습득법과 독서를 통한

언어능력을 키워

만들어지는 스마트머리다.

결국 독서와 말 그리고 창의적 생각이

1등

천재머리를 가르는 힘이다.

내 인생을 바꾼
말 한마디

'사람의 혀에 행복이 있다'

'유대인 세 명만 모이면 세상을 바꿀 수 있다'

'의문이 사람을 지혜롭게 한다'

'스스로 사고하게 하라'

'네 생각은 어떠니?'

'질문하라'

'다르게 해야 한다'

'왜'

'생각이 부를 가져온다'

'신이 사용하는 인간은 부자다'

'자식을 용으로 키우기 전에 먼저 바다를 보여줘라'

한마디 말이 세상을 바꾼다.

유대인이 쓰는 말은 평범한 우리와 확연히 다르다. 그들을 특별하게 만든 한 가지는 바로 남다른 '생각'이었다. 그래서 인생을 바꾸는 유대인 지혜를 나누고 싶어서 이 책을 준비했다.

그들은 경제의 기능을 간파했고 금융 시장을 꿰뚫고 있었다. 어떻게 세계 경제를 지배할 수 있는 막강한 힘을 갖게 된 것일까?

그토록 척박한 환경 속에서도 커다란 영향력을 행사할 수 있었던 것은 탈무드의 지혜와 처세술, 그리고 경제 마인드를 갖고 실천했기 때문이다.

역대 노벨상 수상자의 23%,

미국 유명대학 교수의 30%,

미국 100대 기업의 40%,

미국의 경제 대통령으로 불리는 '앨런 그린스펀'

골드만삭스의 창업자 '마르쿠스 골드만'

20세기 최고의 펀드투자가 '조지 소로스'

세계적 기업 구글 창업자 '래리 페이지'와 '세르게이 브린'

페이스북의 청년 창업자 '마크 저커버그'

전 미국 국무장관 '헨리 키신저'

최고의 석학 '자크 데리다'와 '노암 촘스키'

언론인 '조지프 퓰리처'

실존주의 문학의 선구자 '프란츠 카프카'

세계적 영화감독 '스티븐 스필버그'

마이크로소프트사 창업주 '빌 게이츠'

독일의 시인 '하이네'

이들은 모두 5천 년의 지혜 탈무드를 배운 유대인들이다.

이들의 공통점은 무엇일까? 많은 것들이 있지만 대개는 어릴 적부터 독서와 경제교육을 받았고 창의적 마인드로 금융업을 최고의 비즈니스로 간파했다. 그리고 독립형 창업을 선택했다.

세계 인구의 0.23%에 불과한 약 1600만 명 정도로 적은 민족이 각계 각층에서 업적과 명성, 부(富)를 만들어내는 성공비결은 무엇일까?

그것은 바로 5천년 동안 쌓아온 유대인만의 지혜, 창의적 생각, 그리고 평생에 걸친 배움, 즉 다브카 정신이다. 히브리어 다브카(Davca)는 '그럼에도 불구하고'라는 실패도 격려하는 문화를 의미한다. 실패를 두려워하지 않는 창업 정신이다.

이 책을 읽고 유대인의 정석을 100% 지킨다면 당신은 반드시 성공할 수 있고 부(富)도 거머쥘 수 있다. 탁월함을 기르는 지혜를 얻기 때문이다.

이 책은 성공적인 삶의 비결을 공개하고 있다. 일찍이 유대인 랍비의 격언을 읽고 쓰고, 오천년 삶의 지혜를 모아 놓은 '탈무드'를 읽고 정리하여 가르쳤다. 그리고 그들의 성공 비밀을 연구하였다. 그렇다면 진짜 유대인 성공의 비밀은 무엇인가?

마침내 찾아냈다. 그 중 하나가 어릴 적부터 익힌 탈무드식'교육'즉 그들의 독특한 교육법에 기인한다. 그걸 누가 모르느냐고 하겠지만 그들은 배운 것을 삶에 실천한다.

유대인들 중에 유난히 거부(巨富)가 많다. 그들은 어릴 때부터 돈의 중요성을 배우면서, 그러한 현실에 발을 딛고 최대한의 탈무드의 가르침을 적용한다. 그리고 독서를 기반으로 사색과 질문, 토론 등 교육 덕분이다.

이 책에는 유대인들이 뛰어난 인물들을 많이 배출하게 된 이유와 그들만의 성공 비결을 공개하였다. 오천년의 지혜를 담은 탈무드를 자세히 소개하였다. 특히 유대인 부모가 자녀교육에서 제일 강조하는 덕목과 창의적 교육방식도 소개하였다. 무엇보다도 유대인의 언어생활과 생각법, 대화법, 천재머리, 경제 마인드, 바른 인성, 독서법 등을 강조하여 정리하였다.

그리고 대학원 시절 이스라엘 역사 연구 자료와 읽었던 책, 인터넷 정보의 도움을 받았다. 또한 여러 선학들의 좋은 글을 인용하거나 참고하기도 했음을 밝힌다. 오랜 시간 준비하다보니 자세히 출처를 밝히지 못한 점을 너그러이 이해해주시리라 믿는다.

이 책에 오류나 잘못이 있다면 당연히 필자의 몫이다. 계속하여 유대인 역사를 연구하고 미진한 부분은 고치겠고 보완하도록 하겠다.

지금도 유대인 수업 준비를 하고 있다. 수천 년의 지혜가 담겨있는 탈무드를 통해 유대인으로부터 삶의 지혜를 얻을 수 있다면 매일 탈무드를 배울 것이다.

감사합니다.

정병태 박사

차 례

1등 천재로 만든
탈무드
지혜

✡

내 삶을 바꾼
탈무드의 지혜

1등 천재머리로 만든
탈무드 지혜

당신의 꿈은 당신을 가장 아름답게 꾸며주는 최고의 옷.

_ 탈무드

사랑하는 여러분, 반갑습니다.

꿈은 희망을 낳습니다. 무슨 일이든 이룰 수 있다고 다짐하고 밝고 긍정적으로 생각하고 행동하십시오. 성실하고 정직하며 겸허하게 정진하세요.

분명 여러분의 인생에 곧 풍요로운 열매가 열리고 1등 천재머리의 지혜를 얻게 될 것입니다.

희망 아우라

> 비록 힘없는 하찮은 존재라 하더라도
> 꿈을 가질 때
> 얼굴은 밝아지고 생동감이 흐르며
> 눈에는 광채가 생기고
> 발걸음은 활기를 띠고
> 태도는 씩씩해지는 것이다.

얼마 전 다시 읽은 독일 문호 괴테와 함께 고전주의의 2대 문호로 일컬어지는 천재 시인 프리드리히 실러의 시 한 글귀에서 희망 아우라(aura)를 발견했다.

꿈 자체가 발산하는 생동감, 광채, 활기, 그리고 자신감.

그래서 실러는 "산다는 것은 꿈을 꾸는 것이요, 꿈을 꾸는 사람은 인생의 멋을 아는 사람"이라 하였다.

역시 그들은 달랐다.

전 세계에서 가장 영향력 있는 민족으로 꼽히는 유대인 속담에 보면 "먼저 인간관계를 잘 다져놓은 후에 장사한다"라고 하였다. 여전히 그들은 경제, 정치, 문화, 예술 등 거의 모든 분야에서 영향을 끼치고 있다. 특히 미국 최대의 시사주간지 <US뉴스 앤드 월드리포트>는 '천재들의 비밀, 20세기를 조각한 3명의 위인'이라는 제목으로 특별호를 내놓은 적이 있는데, 표지를 장식한 3명의 위인은 모두 유대인으로 아인슈타인, 프로이트, 카를 마르크스였다.

현재 유대인은 세계인구의 약 1600만 명 정도의 소수민족이다.

대통령을 지낸 앨런 그린스펀, 경제학의 창시자 애덤 스미스, 세계 경제체제를 자본주의와 공산주의로 나눈 카를 마르크스, 패션업계의 폴로, 리바이스, 도다쉬, 식품으로는 허쉬 초콜릿, 세계 헤지펀드 업계의 대부로 꼽히는 조지 소로스, 금융의 골드만삭스, 마이크로소프트사 창업주 빌 게이츠, 페이스북 창업주 마크 주커버그, 오라클의 창업자 래리 엘리슨, 영화계의 스티븐 스필버그, 그리고 정계의 매들린 올브라이트 국무장관 등 모두 유대인들이다. 또 의료계의 비타민C, 당뇨병 치료제 인슐린 등 모두 유대인의 걸작품이다.

유대인의 특징은 항상 다른 각도, 다른 입장에서 색다르게 생각하고 행동한다. 또한 탈무드를 매일같이 읽고 공부한다. 그리고 기록하는 것을 소중히 여긴다. 그래서 '문자의 민족'이라 부를 정도다.

특히 유대인들은 경제와 금융시장을 꿰뚫고 장악했다. 성공한 비즈니스맨들이 많다. 거기엔 어릴 때부터 남다른 특별한 교육법이 있었다. 그래서 유대인 탈무드에는 "모든 사람이 같은 방향으로만 걸어간다면 지구는 금방 기울어질 것이다"라는 말이 있다.

그렇다면 세계에 막강한 영향력을 갖고 부유한 유대인들의 비밀은 무엇이라 생각하는가? 성공한 유대인들이 많이 배출되는 근본 이유는 무엇일까? 어쩌면 다음의 글을 읽으면 그 답을 얻을 수 있을 것이다.

청바지를 좋아하는 나는 정장자켓에 리바이스 청바지를 입는다. 좀 비싸지만 스타벅스 커피점을 보면 그냥 지나칠 수가 없어 커피를 사 손에 들고 다닌다. 그리고 휴게소에 가면 꼭 들리는 곳이 있는데 던킨 도너츠 점이다. 또 지인의 자녀 선물로 종종 베스킨라빈스 아이스크림을 사서 선물한다. 그리고 자주 할리우드 추억의 영화 '죠스, 쥬라기공원, ET, 인디아나 존스, 라이언 일병 구하기(스티븐 스필버그)' 등을 본다. 그리고 내 책상의 컴퓨터는 마이크로소프트사(빌 게이츠)의 윈도우 OS로 작동되고 있다. 종종 노벨문학상을 받은 밥 딜런의 음악을 듣는다. 그리고 독일의 천재교육자 칼 비테의 책을 자주 읽고 유대인 시인하이네의 시를 읊는다. 위 일상의 삶 속에서 접하는 많은 것들이 유대인들이 이룩한 기업들이었다.

힌트를 주자면, 그들의 성공 비결이 바로 조상들로부터 배운 고전 탈무드에서 나왔다. 유대인들이 저마다의 분야에서 성공을 거두는 비밀은 수천 년 쌓아온 지혜와 처세술로, 바로 정직이었다. 그래서 유대인들이 비즈니스에서 제일 중요하게 여기는 것도 정직이다.

다음 유대인 격언을 보면 알 수 있을 듯하다.

"바구니에 오래된 과일을 밑에 두고, 위에 새로운 과일을 얹어 팔아서는 안 된다."

대부분의 유대인들은 어려서부터 진실과 정직에 관한 이야기를 귀에 딱지가 붙을 정도로 듣고 자랐다. 결국 정성을 다해 성실하며 정직하고 올바르게 산다. 그리고 겸허하게 노력한다.

천재머리로 만든 힘

유대 율법 미쉬나(Mishnah)는 '반복하다'라는 의미를 가지고 있다. 유대인들이 구전 토라로 전승해 온 내용을 최초로 기록한 문헌이다.

다음은 '미쉬나'에 나오는 이야기이다.

> 한 길 위에 꽤 긴 장례 행렬이 가고 있었는데, 마침 앞에 신부 행렬이 오고 있었다. 장례 행렬이 멈춰서 신부 행렬이 다 지나갈 때까지 멈춰 주어야 한다. 왜냐면 아무리 상중이라도 앞으로 나아가는 삶을 먼저 챙겨야 하기 때문이다.

이처럼 앞으로 나아가는 삶은 꿈과 감성을 파는 것을 의미한다. 즉 미래의 삶이 더 중요하다. 바야흐로 경제 주력이 정보에서 이미지와 스토리로 넘어갔고, 다시 상상력, 감성, 창의성, 융합, ICT 등이 핵심 경쟁력이 되었다는 것을 알 수 있다. 이러한 동력이 혁신을 거쳐 창의적 혁명을 만들어 낸다. 그래서 앞으로 나아가는 삶은 기존에 없던 것을 새롭게 만들어 내는 힘이다.

평범한 대학원 시절에 구글 회사를 창업한 두 젊은이를 알고 있는가? 그들은 유명한 래리 페이지(Larry Page)와 세르게이 브린(Sergey Brin)이다. 이 둘은 모두 유대인 출신이다.

이들에겐 어렸을 때부터 원대한 꿈의 사회를 그리곤 했다. 래리의 아버지는 틈날 때마다 꿈꾸는 아들로 이끌어주고자 미국 전역을 데리고 다니며 박람회와 콘퍼런스를 보여주었고 다양한 사람들과 만남을 가졌다. 래리 페이지는 훗날 아버지가 자신의 꿈을 찾아주었다고 회고했다.

19살에 페이스북을 창업한 마크 주커버그(Mark Zuckerberg) 역시 전형적인 유대인 가정에서 태어나 어릴 때부터 유대교 교육을 받고 자랐다. 결국 페이스북은 그의 꿈과 재미로 만들어진 거대 기업이다. 그의 성공 요인을 보면 "누구나 쉽게 정보에 접근하고, 그 정보로 세상이 재미있기를 바라며" 창업했다고 하였다.

한 인터뷰에서 그는 앞으로도 상상력과 꿈이 가득한 창의적 세상을 만들고 싶다고 말했을 정도다.

흔히 유대인을 '기적의 민족'이라고 말한다. 이는 절대적으로 맞는 말이다. 그들은 예술, 과학, 금융, 사업, 교육, 문학 등 여러 분야에서 너무도 월등하다. 유대인 창의성 비밀은 베스트(best)보다 유니크(unique)를 지향한다. 즉 탈무드의 지혜를 인생 교과서로 삼고 정직하고 신실하게 살아가기 때문이다.

나는 다시 찾아냈다.

청량한 에너지를 만들어내는 유니크한 마인드가 답이다. 이제 남들과 다른 독특한 발걸음을, 셀렘과 기대감을 갖고 더 큰 발걸음을 내디뎌 보자.

후천적 자세가 만든 기적

나폴레옹 왕이 유럽을 정복했을 때의 이야기이다.

그는 정복할 때 자신에게 도움을 준 각 나라의 지도자들을 불러 모아놓고는 무엇이든 원하는 것을 줄 테니 말해보라고 권했다.

이에 프랑스 사람이 말했다.

"저는 포도밭과 와인 공장을 원합니다."

독일인이 말했다.

"저는 보리밭과 맥주 공장을 원합니다."

이탈리아인이 말했다.

"밀밭과 맛있는 파스타 공장을 원합니다."

이때 저만치 떨어져 앉아 있던 유대인이 조용한 목소리로 말을 했다.

"청어 2마리만 선물로 주십시오."

나폴레옹 왕은 유대인에게 곧바로 청어 2마리를 주었고 다른 지도자들에게는 나중에 주겠노라고 약속했다.

이때 다른 나라 사람들이 유대인을 비웃었다.

"그런 시시한 것을 받다니 유대인은 참으로 어리석구나."

하지만 나폴레옹 왕이 얼마 뒤에 몰락하는 바람에 유대인을 비웃었던 다른 나라의 지도자들은 아무것도 손에 넣지 못했다.

....

이 이야기는 큰 욕심을 부리지 말고 소소한 것에 만족할 수 있는 마음가짐, 바로 얻을 수 있는 작은 것부터 착실하게 손에 넣으라는 교훈을 주고자 함이었다.

거침없는 창의적 도전정신

나 같은 평범한 사람이 비범한 사람이 되는 공식이 있다. 바로 긍정의 사고방식에다 후천적인 땀을 곱하는 것이다. 지금은 하찮은 존재라할지라도 후천적인 열의를 가지면 능히 성공적인 인생을 살아가게 된다.

서기 70년, 티투스 장군(로마 제국의 10대 황제)이 이끄는 로마군은 이스라엘의 수도 예루살렘을 포위하고 끝내 함락시킨다. 그 이후로 그들은 나라 없이 방랑하는 민족으로 전 세계에 뿔뿔이 흩어져 살게 된다. 그러나 그들은 약 1900년이 지난 1948년, 자신들의 조국 이스라엘을 같은 장소에 다시 한 번 일으켰다.

그리고 그들은 고대에 쓰던 히브리어 언어를 고스란히 되살려 사용했고, 심지어 교육 문화까지, 아니 그 당시의 더 뛰어난 생각으로 키워 그대로 삶에 적용한다. 그리고 그 천재적 사고방식들이 세계 각 분야에 큰 영향력을 발휘하고 주름잡았다.

다시 물음을 갖게 한다. 그렇다면 끊임없는 박해와 쓰라린 역사를 갖고 있는 소수민족 유대인들이 <탈무드>의 가르침을 잊지 않고 현대 사회에서도 실천하는 근본적인 이유가 무엇일까?

그리고 유대인들은 소수민족으로서 다른 민족보다 여러 분야에서 월등히 뛰어난 비결은 무엇일까?

그들의 야심찬 창의성은 어디서 나온 것일까?

또한 부자 유대인들만의 숨은 비밀은 무엇일까?

정말 닮고 싶은 성공 비밀은 무엇인가?

한마디로 그들만의 독특한 문화와 창의적 도전정신에서 비롯된 것이다. 각자의 생각을 자유로운 대화와 토론 그리고 논쟁으로 발전시킨 결과이다. 어쩌면 이것이 성공하는데 결정적인 역할을 했던 요인일 수도 있다. 그리고 그들의 넓은 독서와 사고력, 호기심과 관찰적 자세가 창의적 결과물로, 세계적 기업을 일구도록 도와주었다고 본다. 더불어 사뭇 다른 어릴 때부터 익힌 하브루타식 교육도 크게 영향을 주었다. 그리고 그들은 전 세계에서 책을 가장 많이 읽는 것으로 알려져 있다.

유대인들은 거침없이 생각하고 창의적 도전을 한다. 그런데 그들의 탁월한 창의적 사고와 뛰어난 재능은 선천적인 것이 아니라 후천적인 자세에 의해서 나온 것이었다. 결국 다양한 분야에서 기적을 만들어 내고 있다.

유대인 탈무드는 발언과 행동에 대한 자신감을 갖게 해주었고, 앞으로 나아가는 도전을 장려해준다. 무엇보다도 창의적인 생각을 마음껏 펼칠 수 있는 기회를 우선적으로 마련해 주었다. 그리고 남과 다른 생각을 키워주었다.

퇴근 후 특별한 생활방식

유대인은 기본적으로 아버지를 존경한다.

가정의 가장 아버지는 훌륭한 교육자이기 때문이다.

따라서 아버지는 항상 공부를 많이 해야 하고 높은 수준의 야망이 있어야 한다. 그것을 보고 자녀가 배운다. 유대인 부모의 삶은 태도와 포부, 교육에 대한 열의가 자녀에게 큰 영향을 미친다.

그렇다면 유대인 아버지는 어떻게 시간을 보낼까?

그들은 가족 중심의 삶을 산다. 일을 마치면 곧바로 집으로 와서는 가족들과 대화를 한다. 식사시간은 가족과 함께 서로의 질문을 통해 깊은 대화를 한다. 필히 독서를 통한 토론을 나눈다. 물론 산책과 쇼핑도 하고 여행도 함께 다닌다.

이스라엘 역사와 유대인 대화법을 연구하면서 그들의 퇴근 후 생활이 궁금했다. 그들은 퇴근 후 시간을 어떻게 보낼까?

독자들에게 문뜩 묻고 싶다.

"여러분은 퇴근 후 어떻게 시간을 보내고 있는가?"

"만약 당신이 오늘 3-4시에 퇴근했다면, 무엇을 하며 시간을 보내겠는가?"

우리나라 경우는 OECD 국가 중 오래 일하는 편이다. 심지어는 휴무도 없이 일하기도 한다. 그런데 유대인은 오후 3-4시에 퇴근하여 개인 생활과 가족과 시간을 보낸다. 유대인 집에는 텔레비전이 없고 대신 많은 책을 소장하고 있어 독서를 즐긴다. 가족이 식사하는 것을 매우 중시한다.

우리나라 학생들의 IQ나 수학 성취도, 대학 진학률, 학구열은 세계 최고 수준이다. 분명 머리가 좋은 것은 사실이다. 그런데 이스라엘은 우리나라 학생들의 IQ보다 떨어지지만 세계적 작품, 결과물, 창의적 성과, 혁신 기업들을 유감없이 키워냈고 세계적 철학과 사상을 만들었다. 그리고 많은 과학자와 예술가, 문학인, 부의 인물들 역시 유대인들이 훨씬 많다. 여기엔 분명 남다른 숨겨진 비밀이 있다. 바로 퇴근 후 특별한 생활방식의 지혜이다.

우리는 캥거루적 사고로 살지만 유대인들은 돈키호테 기질로 사는 듯하다. 풍차를 향해 돌격하는 모험가 기질 말이다. 그래서 유대인들은 퇴근 후 삶의 생활방식이 달랐고, 일을 대하며 돈을 버는 이유도 많이 다르다. 역시 꿈도 달랐다. 무엇보다도 남과 다른 자신을 지향한다.

이제 우리도 주어진 시간과 삶을 잘 다스려 지혜롭게 통제하고 관리할 필요가 있다. 그래서 나름 몇 가지 실천사항을 만들어 보았다. 후회 없는 삶을 위해 다음 아래의 항목을 꾸준히 실천하는 삶을 살기를 바란다.

나의 퇴근 후 특별한 생활

- 실용적 경제교육을 배운다.
- 자기만의 인문학적 시간을 갖는다.
- 독서의 시간을 늘린다.
- 글쓰기, 토론, 대화 등을 훈련한다.
- 나만의 사색적 삶을 추구한다.
- 규칙적인 운동을 한다.
- 창의적 놀이를 즐긴다.

유대인 힘_ 티쿤 올람

히브리어 '티쿤 올람(Tikkun Olam)'은 문제 속에서
비전을 발견한다는 의미이다. 유대인들은 세상을 더 좋은 곳,
오늘보다 더 나은 세상으로 만들어야 할 책임이
자신들에게 있다고 믿는다.
유대인의 사상과 삶의 방식 저변에는 티쿤 올람의 정신이
깔려있다. 여기서 '티쿤'은 '세상'을 말하고 '올람'은 '고친다'는
뜻을 가지고 있다(세상을 고친다).

1등 천재머리를
만든 비밀

1등 천재머리를 만든 학습법

만일 천사가 나타나 토라의 모든 것을 가르쳐준다고 해도

나는 거절하겠다. 배우는 과정은 결과보다 훨씬 더 중요하기 때문이다.

_ 유대인 격언

한 나이가 많은 유대인 노인이 뜰에 묘목을 심고 있었다.

마침 그곳을 지나가던 젊은 나그네가 그 광경을 보고 물었다.

"할아버지, 언제쯤 그 나무에서 열매를 수확할 수 있습니까?"

"한 70년쯤 후에나…."

노인의 대답에 청년은 고개를 갸우뚱하며 다시 물었다.

"할아버지께서는 그때까지 사실 수 있습니까?"

그러나 노인은 딱 잘라 대답했다.

"아닐세! 내가 태어났을 때 이곳에는 열매가 잔뜩 열렸었네. 아버지
께서 심어두셨기 때문이지.

나도 그저 우리 아버지와 똑같은 일을 할 뿐이라네."

유대인에게 지혜는 최고의 자산이라는 것을 알 수 있는 이야기이
다. 그들이 끊임없이 광야에서 살아남을 수 있게 했던 생존의 지혜였
다.

유대인 랍비 마빈 토케이어는 이렇게 말했다.

"아버지가 나의 마음에 남겨준 것을 나는 자식들에게 물려주고 있
다."

상위 0.1%의 천재가 된 비밀

헨리 키신저(1923-)는 독일에서 태어나 나치의 유대인 학대를 피해 가
족과 함께 미국으로 피했다. 하버드대학교를 최우등생으로 졸업했고,
베트남 종식 외교 관계로 노벨 평화상을 받았다.

그는 모든 것을 차단하고 공부만 하였다. 청소년 시절 성적은 전과
목 C등급을 받았다. 그러한 키신저는 부정적인 신호들을 차단하고 다
시 공부를 시작하여 전 세계 상위 0.1%의 천재가 된다.

키신저의 힘은 집중력이었다. 자신의 분야에서 가장 완벽한 차단과

집중력은 지능에 상관없이 특별한 재능을 만든다. 지금부터 외부의 부정적 신호를 차단하고 깊이 몰입하자, 이는 상위 0.1%의 천재가 되는 비밀이다.

내가 유대인 격언 중에 가장 좋아하는 글귀이다.

"물고기를 잡아주면 하루를 살 수 있지만, 잡는 방법을 가르쳐주면 일생을 살 수 있다."

이는 지식 자체보다 지식을 얻는 방법과, 지식을 창조하고 인생을 제대로 살아가게 하는 지혜야말로 우리가 궁극적으로 추구해야 할 교육이라는 의미다. 어쩌면 머릿속에 저장된 지식은 '물고기'이고, 깊은 사색을 통해 얻은 방법은 '물고기 잡는 법'이다. 그러니까 유대인은 물고기 잡는 법을 가르쳐서 스스로 독립할 수 있도록 배우는 과정을 매우 중요시한다.

이것이 유대인의 저력이다.

유대인들은 질문과 토론, 논쟁을 통한 학습을 한다. 이는 종합적인 사고력을 키워 창의적 발상을 갖게 한다. 그러니까 절대 통째로 외우는 식의 학습은 하지 않는다. 대신 서로 나누는 학습을 실천한다.

그렇다. 천재를 만드는 학습법은 상호 소통을 통한 전달을 추구한다. 그래서 유대인 학교의 교실은 항상 시끄럽다. 책을 읽어도 눈과 머릿속으로 읽지 않고 입 밖으로 소리를 내어 읽는다. 이는 집중력이 더 커지기 때문이다. 심지어는 리듬을 타며 몸을 움직이면서 읽기도 한다.

유대인을 1등 천재로 만든 학습법을 보면 아래와 같다.

첫 번째는, 짝을 지어 대화하고 토론하며 학습하도록 한다. 동료들과 함께 공부하는 습관을 갖게 한다.

두 번째는, 큰소리를 내어 책을 읽고 발표하게 한다. 큰소리를 내면 뇌를 자극하여 자신감과 발표력 효과를 높여준다.

세 번째는, 기쁜 마음으로 즐겁게 학습한다. 긍정적으로 대화하면서 때론 웃으면서, 터치하면서 즐거움으로 학습한다. 이는 신체에 긍정적인 영향을 미치게 해 준다.

네 번째는, 서로 눈을 마주보고 상대방의 말을 경청한다. 자기 논리를 체계화하고 상대방의 논리에 반박하는 데 중점을 둔다.

마지막으로 질문을 던진다. 유대인들의 창의적 힘은 질문에서 나왔다.

탈무드에는 "스승에게 배우는 것보다 친구에게, 학생에게 배우는 것이 더 많다"라고 가르친다. 유대인이 가장 많이 하는 질문 가운데 하나가 "너는 어떻게 생각 하느냐?"이다. 또한 수많은 대화와 토론을 통해 자신이 잘하는 것을 스스로 발견하고 또 그것을 스스로 지향한다. 교사는 단지 수업을 준비하는 단계에서 이해되지 않는 부분에 대해 도움을 줄 뿐 수업이 시작되면 거의 관여하지 않는다.

탈무드에는 짝과 함께 학습하는 것을 "두 명의 학자는 서로를 날카롭게 한다"고 말하고 있다.

여러 차례 강조하듯이 유대인 하브루타의 특징은 둘씩 짝을 짓는 것이다. 여기서 짝은 보다 효율적으로 서로를 가르치고 배우는 관계로서 상대를 설득시키는 것이다. 2-3명씩 짝지어 대화하고 토론하는 것이 핵심이다.

만난 짝은 정기적인 만남을 지속적으로 가지면서 둘이 함께 대화하고 소통적 관계를 나누도록 한다. 즉 관계 파트너십의 관계를 갖도록 만들어준다.

1등 천재머리로 만든 학습법

1등 천재 학습법이 되려면 집단 토의, 실제 해보기, 서로 설명하기 등을 혼합한 학습이 매우 효과적임을 알 수 있다. 그런데 앞서 서로의 인격적 관계가 바로 세워져야 더 좋은 효과를 얻어낼 수 있다.

흔히 학습을 하고 24시간 후에도 지식이 남아 있는 비결은 공부 방법에 따라 결정된다. 다음의 <학습 효율성 피라미드>를 보면 어떤 학습법이 효율성이 좋은지를 바로 알 수 있다.

1등 천재 학습 효율성 흐름도

[<강의 듣기(5%) --> 읽기(10%) --> 강의 듣기(5%) --> 시청각 수업 듣기(20%) --> 시범 강의보기(30%) --> 집단 토의(50%) --> 실제 해보기 (75%) --> 서로 설명하기(90%) -->]

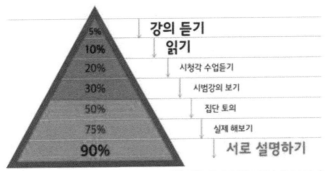

출처 : NTL (National Traning Laboratories)

무엇이 가장 좋은 학습 효율성 높이기일까?

바로 '서로 설명하기'가 90%의 높은 효율을 갖는다. 이제 듣고 외우는 형태에서 벗어나야 하고 일방적으로 강의하지 않아야 한다. 마치 친구와 토론하고 직접 체험하는 서로 소통의 학습법이 필요하다.

1등 천재를 만든 독서법

책을 읽는 일은 하나님께 예배드리는 일과 같다.
- 유대인의 격언

국립국어원은 전국 성인 남녀 3천 명을 대상으로 한 '한국 국민의 국어능력평가'를 실시했다. 듣기, 말하기, 읽기, 쓰기, 문법 등 5개 영역이었고, 그 결과 기초 수준 이하 비율이 50퍼센트에 달했다.

유대인의 가장 큰 지혜로움은 독서에서 나온 것이었다.

유대인의 격언에 보면 "현자는 없다. 현명하게 공부하는 사람만 있을 뿐이다." 그들은 모든 사람들에게 배워야 한다는 생각을 기본적으로 갖고 있다. 그래서 평생 공부하는 것을 삶의 좌우명으로 여긴다. 그래서 손에서 책을 놓지 않는다.

유대인 집에는 텔레비전이 없으며 유대인 사회에는 헌책방이 없다고 한다. 걸어 다니면서도 책을 읽고 심지어는 횡단보도에서 파란불을 기다리면서도 책을 본다. 유대인들이 노벨상을 휩쓸 수 있었던 요인 중 하나가 꾸준한 독서라 보고 있다.

이 책을 읽고는 가장 먼저 변화를 가져야할 결심이 바로 독서습관이다. 부자 기업인 빌 게이츠와 워런 버핏은 자신들을 만든 것은 특별한 것이 아니라 독서 덕분이었다고 하였다. 따라서 앞으로 누구든 틀에 갇힌 사고로는 그 무엇도 해 낼 수 없다.

닥치는 대로 읽었다

영국의 정치가이며 노동당의 간부였던 마이클 풋(1913-2010)은 "권력자는 독서할 시간조차 없다. 그러나 독서하지 않는 자는 권력에 적합하지 않다"라고 말했다.

나폴레옹 보나파르트(1769-1821)는 프랑스의 군인이며 정치가이다. 프랑스 혁명이 일어나자 군사 독재정권을 수립하고 혁명 후의 혼란을 수습했다. 이후 유럽의 절반을 정복했지만 영국 등의 연합군에 패해 세력을 잃고 섬에 유폐되어 죽었다.

나폴레옹은 처음부터 우등생이 아니었으며 포병사관학교의 꼴찌였다. 코르시카 출신의 나폴레옹은 어린 시절 프랑스 본토로 이주했지만 코르시카 사투리가 굉장히 심해서 늘 학교 친구들의 놀림거리가 되었고, 프랑스어 실력도 형편없었다. 반 친구들의 따돌림 속에서 외톨이가 된 나폴레옹은 역사와 지리, 문학 책을 닥치는 대로 읽었다. 이것은 나중에 나폴레옹이 유럽 각지에서의 전쟁을 지휘하고 이집트 원정을 갔을 때 부하에게 이슬람 문명을 이해시키는 데 큰 도움이 되었다.

특히 사관이 된 뒤로 나폴레옹은 자신의 지식이 부족하다는 것을 통렬히 깨달았다. 그는 프랑스 혁명에서 두각을 나타내기까지 5년 동안 끊임없이 책을 읽고 생각하고 느낀 점을 메모했다. 나폴레옹은 단순히 책을 읽는 데 그치지 않고 이런 방식으로 자신의 사고력을 훈련시켰다.

그렇다면 나폴레옹의 위대함은 어디에서 온 힘일까?

바로 독서에 있었다. 그는 죽을 때까지 8천여 권의 책을 읽었다. 군인이었던 나폴레옹은 '칼보다 펜이 강하다'는 평범하지만 비상한 진리를 깨닫고 있었던 것이다. 치열한 격전지에서도 틈나는 대로 독서를 했다. 심지어는 달리는 말 위에서도 책을 읽었다고 한다. 그리고 점령지에 대한 역사와 지리를 연구하였다. 진정한 힘은 연구와 독서를 통해 얻을 수 있음을 몸소 실천하였다.

나폴레옹을 스스럼없이 "영웅"이라고 칭할 수 있는 것도 그의 뛰어난 용맹 때문이 아니라 폭넓은 견문과 문화를 애호하는 인간으로서의 자질이 풍부했기 때문이다.

"내 비장의 무기는 아직 손안에 있다. 그것은 희망이다."라고 말했던 나폴레옹이 세계를 지배할 수 있었던 것 역시 희망을 품었기 때문이었다. 비록 워털루 전투에서 패하긴 하였지만 전 유럽을 석권하였다.

나폴레옹의 진정한 위대함은 아무리 절박한 상황에도 흔들리지 않은 굳은 의지와 낙천적인 사고가 있었기에 가능했다.

나폴레옹은 꾸준히 공부하고 지식을 쌓는 동안 자신감은 커졌고, 자신이 어떤 욕망을 품고 있는지를 알고 있었다. 포병사관학교를 1년밖에 다니지 못한 나폴레옹이 후일 위대한 영웅이 된 것은 사관생도 시절에 맹렬하게 고전을 공부한 덕택이다. 게다가 책을 읽기만 하고만 것이 아니라 자신이 느낀 점과 얻은 점을 꼼꼼히 기록했다.

이쯤에서 떠오르는 한마디가 있는데, 지금부터라도 많은 책을 읽어둬라. 특히 고전 독서를 즐겨라. 분명 훗날 위대한 선택의 힘을 얻게 될 것이다.

삶의 우선순위에 독서가 있게 하라.

앞으로 성장하려면 책을 손에서 놓아서는 안 된다.

독서력 키우기

내가 참으로 좋아하는 르네상스를 대표하는 인문주의 학자 에라스무스(Erasmus)가 남긴 말이다.

"약간의 돈이 생길 때마다 나는 책을 산다. 그렇게 하고 남은 돈이 있을 때, 비로소 나는 먹을 것과 입을 것을 산다."

미국 명문대학 세인트존스대학교는 서양학문에 중대한 영향을 끼친 고전 100권의 책을 읽고 토론하는 일이 4년간 배우는 것의 모든 것이라고 한다. 그래서 학생들은 평소 책 읽는 것에 중점을 둔다. 이 대학에서 가장 많이 볼 수 있는 모습은 책 읽는 학생들이다. 수업에서도 학생들이 주로 이야기를 이끌어간다. 교수는 듣는 것이 수업이다.

독서와 글쓰기는 유대인의 정체성을 구성해왔다. 그래서 유대인 속담에 보면 "옷을 팔아 책을 사라"는 말이 있다. 책을 사랑하는 한 유대인 랍비는 책을 얼마나 귀중하게 생각했던지 죽으면서 이런 내용의 유서를 남겼다고 한다.

"아들아! 책을 네 벗으로 삼아라. 책장과 책꽂이를 너의 환희의 밭이나 정원으로 삼아라. 책의 동산에서 지식의 열매와 향기를 즐기고 그것을 너 자신의 것으로 만들어라."

그래서 유대인들의 손에는 항상 책이 들려 있다.

예로부터 유대인은 책의 민족이라 일컬어져왔다. 그래서 세계에서 가장 독서를 많이 하는 민족은 유대인이다. <탈무드>에는 "돈을 빌려주기는 거절해도 좋으나 책 빌려주기를 거절해선 안 된다." "그대의 돈을 책을 사는 데 써라. 그 대가로 거기서 황금, 지성을 얻을 것이다."라는 말이 있을 정도이다.

독서는 풍부한 창의력과 상상력의 원천이 된다. 또한 사고력을 키워준다. 특히 독서 내용을 주제로 토론을 하는 것은 천재머리로 극대화하는 아주 좋은 방법이다.

유대인 격언을 보면 "책을 읽는 자식은 비뚤어지지 않고, 독서하는 민족은 망하는 법이 없다."라고 말했다. 그들은 언제나 책이 먼저다.

이스라엘의 유명한 랍비 임마누엘이 말하기를 "만일 당신의 자녀가 옷과 책에 잉크를 쏟았거든 책을 먼저 닦고 나서 옷을 닦게 하라. 만일 지갑과 책을 동시에 땅에 떨어뜨렸으면 우선 책을 줍고 나서 지갑을 줍도록 하라."고 하였다.

그래서 독서력을 갖춘 사람이 늘 성과를 내는 법이다. 일찍이 이것을 알기에 유대인들은 유랑 생활을 하면서도 손에 늘 책을 쥐고 있다가 시간이 나는 대로 독서를 하였다.

오늘 내가 이 만큼 있도록 도와 준 최고의 힘은 독서였다.

우리도 독서 습관을 더욱 키워야 한다. 다양한 분야의 책을 읽고 나눈다. 독서력을 키워야 대화와 설득에서 이길 수 있다. 그리고 책을 읽음으로 지식과 교양을 쌓는 것은 물론이고 더 좋은 질문을 할 수 있다. 그런데 눈으로만 책을 읽어 얻은 지식은 쉽게 잊게 되지만, 질문하고 토론해서 얻은 지식은 흡수되어 머릿속에서 잘 지워지지 않는다. 필요시 되새기기도 하고 적고 요점을 정리하기도 한다.

이러한 독서법이 1등 천재머리를 만드는 지혜이다.

식탁 위 위대한 대화문화

유대인에게 위대한 습관이 하나 있는데 바로 식탁 위에서 이루어지는 대화문화이다. 식탁에서 하는 대화는 위대한 결과를 만들어주기 때문이다.

유대인 아이들은 4살 정도가 되면 평균 1,500개의 어휘를 사용할 줄 안다. 그 중 가족 식탁에서 배운 단어는 무려 1천 개나 된다. 잠들기 직전의 시간에 책을 읽어주거나 30분 정도의 대화 시간을 갖는다. 게다가 어릴 적 책 읽기와 글쓰기에 익숙하도록 가르쳐준다. 이 덕분에 유대인들이 각 분야에서 위대한 업적을 발휘하고 있는 것이다.

유대인 가르침을 보면 "모를 때에 아버지에게 물어라. 아버지가 모르면 랍비에게 물어라." 즉 아버지가 일차 교사라는 의미이다. 그런데 우리나라 아이들은 전반적으로 대화 부족에 시달리고 있다. 만약 아버지가 교사로 역할을 한다면 가정의 역사는 크게 바뀌었을 것이다. 평균 아버지들이 자녀와 함께 보내는 시간은 하루 평균 5분 정도라고 한다.

유대인들이 노벨상을 많이 받고 두각을 나타내는 이유에 대해서 유대인 랍비 에란 카츠에게 물었다.

그는 이렇게 대답했다.

"학교에서 언제나 질문하도록 격려하고 토론 수업에 치열하게 참여하기 때문이며, 무엇이든 질문하는 습관이 지식 습득의 가장 좋은 방법이다."

유대인에게 있어 주말은 그 누구에게도 내주지 않는다.

이는 가족을 가장 우선 시 하기 때문이다. 가족과 대화하는 시간을 최고의 행복한 시간으로 여긴다. 매주 금요일 저녁이면 유대인들은 외출을 삼가고 가족과 집에서 저녁식사를 하면서 대화의 장을 마련한다. 평일 저녁에도 가능하면 집에서 식사하면서 가족을 중심에 둔 삶을 산다. 그래서 유대인은 '가정이 행복해야 성공도 한다'고 믿는다.

한 설문조사에 의하면 자녀가 부모와 하루에 대화를 5분도 하지 않는다고 한다. 혹 집에 들어갔을 때 온 가족이 현관에 나와 인사하며 포옹하고 따뜻하게 맞아주는 경우가 얼마나 될까?

앞으로 독서 나눔과 실천은 기적을 만들어 낼 것이다.

우리도 매일 10분씩이라도 자녀와 집중해서 대화하고 독서를 나누는 문화를 늘려야한다. 자녀가 성공하고 행복하기를 원한다면 그들과 하루 10분 정도 대화를 나눈다. 실로 놀라운 기적이 일어날 것이다. 더 나아가 정기적으로 나눔의 시간을 갖기바란다.

다음의 실천 과제를 우리의 생활 속에서 정규적으로 실천해보자.

<매일 실천 과제>

- 가족끼리 편지쓰기(문자, 카톡)

- 매일 독서 후 나누기

- 수시로 악수하고 허깅하기

- 가족, 동료 축복 기도해주기

- 월 1회 가족과 외식하기

마음에 새기는 테필린

테필린(Tefillin)은 하나님이 이스라엘 민족에게 항상 몸에
지니고 다니며 외우라고 명령한 4개의 성경구절이다.
손목에 매는 가죽 끈과 미간에 붙여 표로 삼는 작은 상자를
일컫는다. 이 말씀을 기억하며 되새긴다.
이는 말씀을 가까이 두고 항상 마음에 새기려는 행위이다.
히브리어 '쉐마'라고 불렸다. (신명기 6:4-9)

03

1등을 만든
특별한 대화법

위대한 실제적 대화법

한 번 길을 잘못 찾는 것보다 열 번 길을 묻는 것이 낫다.

_ 유대인의 격언

다시 말공부 배우기

어느 나라의 왕이 불치병에 걸렸다.

아무리 유능한 의사가 와도 병을 고치지 못하여 왕은 점점 쇠약해
져갔다.

그러던 중에 먼 나라에서 온 한 의사가 이런 말을 했다.

"이 병을 고치기 위해서는 세상에서 가장 손에 넣기 어려운 새끼를

낳은 암사자의 젖을 먹이면 됩니다."

왕은 그의 말에 따라 온 나라에 '암사자의 젖을 구해오는 사람에게는 어떤 상이라도 원하는 대로 다 주겠다'는 부상이 붙었다. 하지만 암사자는 갓 낳은 새끼를 지키려고 몹시 예민해져 있어 다가오는 사람을 모조리 물어 죽였다.

왕이 내건 부상은 무척 끌리지만 자기 목숨까지 바치는 것은 두려워서 누구도 사자의 젖을 구하러 가지 못했다.

그러던 중에 한 젊은이가 이에 도전했다.

그가 마침내 방금 전에 새끼를 낳은 암사자를 발견했고 어렵게 암사자의 젖을 구할 수 있었다. 그런데 왕에게 젖을 가지고 가려고 하자, 지금까지 젖을 얻기 위해 힘을 모았던 젊은이의 손과 발, 그리고 눈과 입이 서로들 자기의 공이 제일 컸다며 다투기 시작했다.

눈 왈:

"내가 암사자가 있는 곳까지의 거리를 정확히 파악했기에 한 걸음 한 걸음 다가갈 수 있었던 거야. 그러니 내가 가장 큰 상을 받아야 해."

발 왈:

"내 덕분에 사자가 있는 곳까지 살금살금 다가갈 수 있었어. 내가 가장 중요한 역할을 했으니 제일 큰 상은 당연히 내 차지야."

손 왈:

"뭐라는 거야? 암사자의 젖을 가져온 건 나야. 상은 바로 내가 받아야 해."

그때까지 아무 말도 하지 않던 입이 처음으로 말을 했다.

"들어보니 너희들 정말 말도 안 되는 소리를 하고 있구나. 나야말로 가장 큰 상을 많이 받아야 마땅하다고."

그러자 눈과 발, 그리고 손이 버럭 화를 내며 말했다.

"아무것도 하지 않은 입은 상을 받을 자격이 없으니 저리 꺼지라구!"

아무튼 젊은이가 왕에게 사자의 젖을 가져다주며 말했다.

"왕이시여, 여기 개의 젖을 가져왔습니다!"

이 말에 왕은 격노했다.

"암사자의 젖을 가져오라고 했는데 개의 젖을 가져오다니, 이놈을 당장 처형하라!"

이 말에 눈과 손, 그리고 발이 벌벌 떨면서 입에게 간청했다.

"이봐, 제대로 말을 해줘, 부탁이니 제발 진실을 말해줘."

입이 말했다.

"그것 봐. 입이 제일 중요하지? 그러니 상은 모두 내가 받을 거야."

유대인 격언에 보면 "사람의 혀에 행복이 있다"고 한다.

말 한마디가 얼마나 중요한지를 알 수 있는 이야기이다.

그래서 대화에도 격이 있어야 하고 말도 공부를 해야 한다.

말이 그 사람의 인격과 품격을 말해주기 때문이다.

위대한 인품을 키우는 법

네덜란드 유대인 철학자 바뤼흐 스피노자(Baruch de Spinoza 1632-1677)는 랍비 교육을 받은 인물로 유명하다. 그는 총명하고 신앙심이 깊은 엘리트였다. 그의 대작 <에티카(윤리학)>에서 신은 존재하며 초월적이라고 밝혔다. 그의 유명한 명언이다.

"비록 내일 지구의 종말이 온다 하여도 오늘 한 그루의 사과나무를 심겠다."

유대인 격언에 보면 "혀끝에서 세계가 펼쳐진다"라는 말이 있다.

유대인의 교육 목적은 '난 사람'이 아닌 '된 사람'을 기르는 것이다. 즉 바른 사람을 세우고자 함이다. 그래서 탈무드는 한마디로 '배움(학습)'이라는 뜻을 포함하고 있다.

유대인은 예로부터 인격을 항상 생활의 일부로 여겼고 재산을 모으는 일보다 지혜나 지식을 쌓는 일을 더욱 가치 있고 훌륭한 것으로 여겨왔다.

다른 사람들과의 대화를 주고받으면서, 또 토론 과정에서 자기 의견과 다를지라도 서로의 생각에 관심을 기울이고 존중하며 배려하는 습관을 들이면서 상대의 인격을 중시하는 것으로부터 탁월함이 발휘하게 되는 것이다.

결국 유대인 저력은 나만의 것을 만들기 위해 갈고닦는 것이다. 끊임없이 나만의 개성을 찾아 추구하는 자세가 세계최고의 독창성을 만들어냈다.

3천여 년 전에 지혜의 왕으로 불리는 솔로몬이 기록한 성경 전도서 (1:8-11)에 보면 "이 세상에는 해 아래 새로운 것이 없다"라고 말하고 있다. 새로운 세상을 만들어 내는 것이 아니라 이미 있는 것을 찾아내는 것이다. 즉 나만의 개성을 더욱 빛나게 발하는 것이 더 중요하다.

그래서 유대인은 '남보다 뛰어나라'보다는 '남과는 다르게 되라'고 가르친다. '남과 다르게' 말이다.

상대의 마음을 읽는 소통력

먼저 상대의 맘을 읽는 예리한 자세가 중요하다. 내 마음의 문을 열고 타인에게 다가가서 따스하게 배려한다면 당신은 언젠가 그보다 더 큰 보답을 받게 될 것이다.

어떤 시각 장애우가 길을 걸을 때 항상 등불을 들고 다녔다.

왜 등불을 들고 다니는 것일까?

한 남자가 깊은 밤에 길을 나섰다.

한 치 앞도 보이지 않는 칠흑같이 어두운 밤길을 걷는데,

마침 맞은편에서 등불을 든 한 사람이 걸어오고 있었다.

가까이 다가가서 보니 뜻밖에도 앞을 보지 못하는 시각 장애인이었다.

남자는 궁금해 물었다.

"실례합니다만 눈이 안 보이는 분 같은데, 왜 등불을 들고 다니시는지요?"

그러자 시각 장애인이 웃으며 대답했다.

"제가 등불을 들고 다니면 당신이 저를 더 잘 볼 수 있으니까요."

먼저 등불을 준비한 시각 장애인이 소통의 대가였다.

그는 칠흑같이 어두운 밤에 길을 걷는 사람이 부주의로 부딪쳐 넘어질까 걱정되어 등불을 준비했다. 지나가는 행인이 자신의 존재를 미리 알아채고 부딪치지 않도록 배려했던 것이다.

이것이 진짜 상대의 마음을 읽는 소통력이다.

특별한 대화법(산파술)

크게 성공한 유대인들의 공통점은 대화력이 뛰어나다.

그들만이 특별한 하브루타 교육법이 중요하게 작용했기 때문이다. 어릴 적부터 질문과 토론에 익숙한 학습법을 꼽을 수 있다. 특별한 학습법을 통해 원래 알고 있던 지식을 상기해 내도록 한다. 즉 스스로의 사고를 키워 보다 더 의식하고 정교하게 발전시키며 창의적으로 가도록 안내한다.

이는 소크라테스식 대화법(산파술)과 같다.

교사는 산파이고 학생은 임산부인 셈이다. 분명한 역할을 가지고 그 목적을 성취하기 위한 특별한 학습법이다.

그리스 철학자 소크라테스의 어머니는 산파였다.

그래서 소크라테스는 산모가 새 생명을 낳도록 돕는 과정을 지켜보며 자랐다. 이것이 그의 교육방법으로 자리 잡게 된다. 일방적인 정보나 지식을 전달하는 대신 학생들이 생각하도록 유도하여 결국에 도달하게 한다.

유대인의 격언에 보면 "혀는 마음의 펜이다"라는 말이 있다. 즉 말은 내 마음을 고스란히 나타내므로 일단은 철저하게 경청해야 한다. 그러므로 유대인 대화법 기본자세는 진지하게 듣는 것이다(들을 청(聽)).

특히 초면을 넘어서 좋은 경청 태도를 취하면 뒤이은 소통이 원만하게 진행될 가능성이 아주 높아진다. 따라서 사전에 상대방이 나를 마음에 들게 만드는 것이 절대적인 첫 번째 조건이다. 그러므로 소통 시 시작은 부드럽고 유머러스하게 가벼운 위트(농담)로 긴장을 푸는 것이 좋은 기본적인 자세이다.

분위기를 자연스럽게 이끌어가는 것은 고급 기술이기 때문에 사전에 상대방에 대해 알아두는 것은 필수조건이다. 그러나 대놓고 당신이 어떤 사람인지 다 안다는 식으로 말한다면 상대방은 불쾌감을 느끼고 경계하게 된다. 대신 자연스럽게 이야기를 꺼낼 수 있는 분위기를 만들어야 긴장이 풀리고 마음이 편안해진다.

또 눈빛, 목소리의 톤, 표정, 앉는 위치, 즉 태도 하나조차도 신경을 써야 한다. 그 태도에 따라 대화 분위기가 좌우된다. 이러한 준비가 특별한 대화로 이어가게 만들어준다.

4세기에 활약했던 유대교 교사인 나흐만 벤 야곱은 지도자가 되고 싶어 하는 젊은이에게 이렇게 충고하였다. "리더는 먼저 커뮤니티의 존경을 얻어야 한다." 즉 자신이 속해 있는 그룹이나 조직의 사람들로부터 존경을 얻어야 한다는 의미이다.

그렇다면 나는 주변사람들로부터 존경을 받고 있는가?

먹히는 질문 소통법

유대인의 격언 중에 마빈 토케이어가 한 말이 큰 가르침을 준다.

"질문하라, 이것이 오천년 유대교육의 비밀이다."

16세기 유대인 사무엘 우케다는 "의문이 사람을 지혜롭게 한다"고 말했다. 19세기 아이작 바이즈 역시 "유익한 의문을 가졌던 덕분에 인류는 진보할 수 있었다"고 하였다. 영화배우인 커크 더글러스가 학교에서 돌아오면 어머니는 항상 "오늘은 학교에서 좋은 질문을 했느냐?"라고 물었다고 한다.

그렇다. '어떤 일에 의문을 갖고 질문하는가?'는 소통에서 의미있는 만남인지 아닌지를 가르는 중요한 기준이 된다.

유대인 어머니들은 아이가 학교에서 돌아오면 안아주면서 처음 건네는 말이 "오늘은 학교에서 무엇을 질문했니?"라고 한다. 어려서부터 끊임없는 질문으로 다져진 교육 시스템 안에서 성장하기 때문에 위아래를 막론하고 질문이 당연한 권리로 간주 된다. 자원이 없는 이스라엘에서 질문은 생각을 생산하고, 질문은 생각을 교환하는 수단으로 여겨진다.

끊임없이 상상하고 질문하며 토론하는 문화 속에서 창조의 역사가 재생산될 수 있다. 이스라엘 히브리대학은 모든 수업이 질문과 토론으로 진행된다.

한 가지 기억해야 할 것은, 선생님들은 모두가 똑같은 대답을 가장 싫어한다는 점이다. 그래서 100명이 모이면 100개의 다른 생각과 다른 답안이 만들어져야 한다.

이처럼 여전히 끊임없이 상상하고 질문하고 토론하며 자신의 생각을 표현하는 것이 중요하다고 생각한다.

따스한 말 한마디

따스한 말 한마디가 인생을 바꾼다.

그러나 혹 당신이 무심결에 내뱉은 말이 상대방의 자존심에 상처를 입힐 수 있다. 또 존중받지 못한다고 느낄 수도 있다. 심리학적 측면에서 소통은 이렇게 말할 수 있다.

"약간의 금전적 손해는 호수에 잔잔한 물결이 이는 정도에 불과하지만, 자존심의 상처는 거대한 폭풍우를 만난 것과 같아서 하루 이틀 사이에 회복될 수 없다."

유대인은 매사에 유리한 협상을 위한 고도의 심리적 소통을 활용한다. 무엇을 거래하든 사전에 철저히 문제와 상대를 파악하여 호의적 소통이 되도록 준비한다. 만약 잠재 고객이 당신에게 선입견을 가진다면 그는 당신과 효과적인 심리적 공감대를 형성하지 못하여 발생된 결과이다. 여전히 좋은 성과를 내지 못한다면 고객의 흥미를 유발시키지 못했고, 지속적인 관심을 유도하지 못했기 때문이다.

결국 상대의 감정과 생각을 모르기에 생긴 결과이다.

어느 한 유대인 세일즈 왕이 전해 준 말이다.

"만약 마케팅을 잘하고 싶다면 고객을 '한창 달아올랐을 때'의 연인으로 여기고 챙겨줘야 한다. 언제 어디서나 그들의 감정을 고려해주어야 한다."

그래서 유대인은 강조하여 말을 조심하는 것에 대해 이렇게 조언하고 있다.

먼저는 좋은 마음의 자세를 가지라고. 심지어는 고객이나 상대방이 고의적인 의혹을 제기하거나 불만을 보일 때도 인내심을 가지고 질문에 성심성의껏, 기꺼이 친절하게 대답해야 한다고 말이다.

다음으로는 소통의 기교를 발휘하여 방어적이거나 반박적인 말투가 아니라 친화적인 방식으로 심리적 교류로 확대하여 소통하라고. 가령 "제가 무엇을 도와드릴까요?" 등의 따뜻한 표현으로 소통을 해야 한다. 따듯하고 온감 있는 소통력은 그것이 어떤 문이든 활짝 열게 하는 힘을 지녔기 때문이다.

이기는 협상전략 배우기

잊어서는 안 될 것이다. 그 무엇이든 소통행위 없이는 행사될 수 없다. 심리적 강제력으로 작용하는 소통 행위는 크게 긍정적 언어와 부정적 언어로 구분된다.

부정적 소통은 언어적인 것과 비언어적인 것으로 나눌 수 있다. 예컨대 욕설, 저주, 모욕적 언사, 조롱하는 말, 상처가 되는 말, 무시, 풍자시, 파문, 명예훼손 등은 부정적 언어 소통이고 비웃음, 냉소, 쏘아보기, 찡그리기, 무시하기, 따돌림, 풍자화, 상징물의 훼손, 일부의 표정이나 제스처 등은 그 자체가 부정적 비언어적 소통이다. 소통자가 험상궂게 째려보는 표정으로 분노를 전할 수 있고, 그로 인해 위축시키는 효과를 초래할 수 있다. 따라서 심리적 강제력은 비윤리적 언어이다.

이는 좋은 성과나 좋은 관계를 넓힐 수 없다.

유대인의 협상 과정을 보면 상대방에게 말할 기회를 많이 준다. 말을 경청하면서 상황을 파악한다. 적절한 타이밍에 침묵을 지키는 전략은 상대방에게 타협을 재촉하고 자신의 전략을 숨기는데 탁월하다. 그래서 뛰어난 협상력을 가지고 있으면 성과를 낼 기회를 만들어 준다.

그래서 우리가 가진 것은 세치 혀뿐이지만 무궁무진한 성공 기회를 손에 거머쥐게 해 준다.

미국의 협상전문가 로저 도슨(Roger Dawson)은 "이 세상에서 돈을 가장 빨리 버는 방법은 바로 협상력"이라고 말했다. 그는 협상 비법으로 "서로 만족할 수 있는 상황을 창조하는 것이다"라는 말로써 윈-윈 협상전략의 중요성을 강조했다.

잘 알고 있듯이 유대인들의 협상 능력은 세계의 다른 어떤 민족보다도 우수하다. 그런데 사람들은 대부분 자신에게는 상점이나 사업체가 없으니 협상 기술이 필요하지 않다고 생각한다. 그들은 모든 만남이 미래의 상호작용 되는 협상이라는 사실을 깨닫지 못하는 것이다.

그래서 협상을 하고 있다는 의식 없이 상호작용을 했다는 사실은 지금껏 모든 협상에서 이미 패배했음을 의미한다.

협상의 기본 원칙을 보면 다음의 3가지를 갖추어야 한다.

첫째는 분명한 주제이다. 둘째는 명확한 논리이고, 셋째는 간단명료한 언어다. 즉 뛰어난 사고능력과 언변력을 갖추어야 협상에서 이길수 있다는 의미다. 물론 철저한 사전준비 없이는 성과를 낼 수 없다.

나의 바람은 당신이 이기는 협상력을 갖춰 성과를 이끌어 내는 뛰어난 협상가가 되는 것이다. 유대인처럼 협상력을 갖춰 크게 성과를 낼 수 있도록 부단히 돕겠다.

잘 먹히는 질문화법 배우기

유대인의 말에 보면 "우리는 특히 관심이 있거나 중요시하는 문제를 상대방에게 던진다." 그들은 상대방의 말을 경청하는 데 대부분 시간을 할애한다. 상대방의 말 한마디에 온 신경을 집중하고, 상대방의 저의가 무엇인지 천천히 파악하여 자신에게 더 많은 이익을 확보한다는 것이 특징이다. 또 유대인의 소통력 중 뛰어난 것은 적절한 시점에 핵심을 찌르는 매우 전략적인 질문을 던지는 것이다.

유대인들이 자주 사용하는 질문에는 여러 유형이 있다.

첫째는 상황 파악형 질문, 다음은 유도형 질문, 세 번째는 의견 문의형 질문, 네 번째는 탐색형 질문, 다섯 번째는 협상형 질문이다.

상황 파악형 질문의 경우를 보면 "지금 사용하고 계신 금리가 매우 높은 이자를 지급하고 있다는 것을 알고는 있는지요?".. 다음은 유도형 질문이다. "지금 제안한 상품을 30% 할인되면 사시겠다는 것이지요?".. 그리고 의견 문의형 질문이다. "A,B 중 어느 것이 책임자로서 회사에 유익하다고 보십니까?".. 네 번째는 탐색형 질문은 "이 혜택은 이달까지뿐만 아니라 다음 달까지 똑같은 조건이라는 의미지요?".. 다섯 번째는 협상형 질문이다. "이번에 자동차를 구입한다면 무이자로 구입할 수 있는 것이지요?" 등등.

알고지내는 한 지인은 하루에도 여러 개의 계약을 성사시킨다. 그 요인을 보니, 그에겐 탁월한 협상 능력을 갖고 있었기 때문이다.

잘 먹히는 질문화법에서 주의할 것은 심문이나 취조하듯이 하면 안 된다.

시종일관 부드럽고 우호적인 태도로 질문을 하되 상황에 맞게 변화를 주어 질문을 한다. 질문은 잘 하기보다 적절한 타이밍에 질문을 던지는 것이 더 중요하다.

유대인의 질문시기를 보면 상대방의 말을 다 듣고 나서 질문한다. 다음으로, 상대방이 말을 잠시 쉴 때 질문을 한다. 그리고는, 자신이 말할 차례가 됐을 때 질문한다. 그리고 상대방이 방금 했던 말에 대한 질문부터 던진다.

유대인은 상대방에게 질문할 때 가급적 한 번에 한 가지 질문만 한다. 질문 후 어느 정도 시간을 두어 답변할 여유를 준다. 그리고 질문할 때 말의 속도도 세심하게 신경을 쓰는데, 너무 빠르지도 않고 느리지도 않게 말함으로써 가장 효과적인 소통을 하려고 애쓴다. 또 사전에 질문할 내용을 심사숙고한 뒤, 적절한 어휘를 선택해서 가장 명료하고 간결하게 말한다.

질문식 공부

파워 협상력과 토론 그리고 대화를 잘 이끌기 위해서는 필히 정확하게 듣는 능력이 뛰어나야 한다. 분석적이고 비판적 인지능력이 필요하고 그러한 사고력을 갖고 있어야 한다. 즉 자기 나름의 의문을 품는 것이다.

천재의 아이콘 아인슈타인의 탁월함은 평범함 속에서 일탈하여 새로운 도전을 통해 얻는 것이다. 그는 관습적 편견을 거부했고 상대성이론을 발견한 요인으로 다음의 말로 강조했다.

"상상력이 지식보다 더 중요하다."

"나는 천재가 아니다. 다만 호기심이 많았을 뿐이다."

"나는 똑똑한 게 아니다. 문제에 대해서 더 오래 고민할 뿐이다."

아인슈타인은 임종이 눈앞에 왔을 때조차도 머릿속 아이디어를 노트에 쓰는 데 주저하지 않았다고 한다. 그는 '뉴턴의 물리학을 넘어서 나만의 물리학은 무엇인가?'라는 질문을 던졌고, 이에 대한 해답을 찾는 과정에서 상대성 이론이 등장했다.

미국의 유대교 신학자이자 랍비 마빈 토케이어는 "유대인 학교에서 가장 훌륭한 학생은 '좋은 질문'을 하는 학생입니다"라고 말했다. 또 한 유대인 랍비는 이렇게 말했다.

"탈무드는 항상 '이럴 수도 있지만 저럴 수도 있다'는 식으로 질문합니다." 심리학자 프로이트를 이끈 질문은 '무엇이 인간의 마음을 지배하는가?'였다. 소아마비 백신을 발견한 에드워드 솔크도 "나는 수천 번의 실험을 거쳐 백신을 발견했다"라고 말했다.

결국 유대인들은 탈무드를 가지고 질문식 공부를 되풀이함으로써 사고력, 논리력, 창의력, 발표력 등이 자연스럽게 길러지게 되었다. 그래서 유대인은 "100명이 있다면 100개의 답이 있다"라고 말한다.

배움의 첫 번째 조건이 바로 예리하게 질문하는 것이다. 질문으로 시작해서 질문으로 끝난다. 이러한 학습 자세가 파워 협상력을 갖추게 되는 지름길이다.

#위즈덤(wisdom)

지식은 쉽게 인터넷을 통해 얻을 수 있다. 그러나 지혜는 판단,

결정, 행동의 규범을 깨달아 행하는 것이기에 쉽게 얻을 수 없다.

지혜(wisdom)란 '현명함'이라는 뜻으로 해석한다. 모든 현명함은

생각과 행동에서 출발한다.

탈무드에서 위즈덤은 자신의 판단, 선택, 행동, 결심, 언어에 의해

자기 자신이나 가족이 불행해지거나

불쾌해지지 않도록 하는 현명한 삶을 가리킨다.

04

천재머리로 만든
기적의 교육법

특별한 사람으로 키우는 법

자식에게 물고기를 잡아주지 말고, 물고기 잡는 법을 가르쳐주라.

_ 탈무드 격언

지붕 위의 바이올린

영화 <지붕 위의 바이올린>은 러시아에 사는 유대인들의 고통을 그린 영화다. 주인공 테빗의 아내는 살기가 너무 힘들어 테빗에게 갖가지 불평을 늘어놓는다. 그러자 테빗이 아내에게 이런 말을 한다.

"당신은 나를 사랑하오?"

이야기를 들은 테빗은 다시 한번 말한다.

"그것은 알고 있소. 그러나 당신은 나를 사랑하오?"

이 장면은 무엇을 의미하는 것인가?

테빗의 아내는 힘들고 어렵게 살아가며 그간 고생한 이야기를 죽 늘어놓지만 실상 문제는 그게 아니라 사랑이 식은 것이 문제라는 것이다.

그래서 사랑의 언어는 '그럼에도 불구하고'다.

사랑은 모든 고난을 잠재운다.

천재머리로 만든 교육법

미국 현대문학의 아버지로 불리는 마크 트웨인(Mark Twain)은 "좋은 책을 읽지 않는다면 책을 읽는다고 해도 문명인 사람보다 나을 것이라고는 하나도 없다"라고 말하였다.

유대인 어머니들은 아이를 재우며 잠들 때까지 구약성서와 탈무드를 읽어준다. 수없이 거인 골리앗을 이긴 어린 목동 다윗의 꿈을 키워나가며 큰 생각을 갖도록 가르친다. 이는 평범한 사람으로 만들지 않고 특별한 사람으로 키우기 위한 방법이다.

유대인 영화감독 스티븐 스필버그의 어머니는 어릴 때부터 자녀에게 큰 상상력을 갖도록 키워주었다. "나는 아이에게 한 번도 안 된다고 한 적이 없어요. 그냥 아이가 원하면 다 해줘야 한다고 생각했어요." 일찍이 스티븐 스필버그를 특별한 유대인 천재로 만든 단 하나는 바로 원대한 꿈이었다.

기적의 하브루타 교육법

유대인들은 각자 다르게 키우는 것에 초점을 맞춘 교육을 한다.

<탈무드>에는 이런 말이 있다.

"사람들이 세상을 정면으로 바라볼 때 우리는 입체적으로 바라본다."

내가 유대인 <탈무드>를 한마디로 결론지으면 '생각하는 능력을 키워주는 힘'이다. 그래서 '유대인'이라는 말에 '강을 건너온 자(이스라엘 민족)'라는 뜻을 가지고 있다.

여기서 간략하게 하브루타(havruta) 교육이 무엇인지 알고 갔으면 한다. 유대인의 탁월성, 창조성, 천재성은 한마디로 하브루타 교육법 때문이다. 쉽게 말해서 짝이나 그룹을 지어 질문하고 대화하며 토론과 논쟁을 하는 방식의 학습으로 함께 생각 놀이를 한다. 생각의 유연성을 키워주어 다름, 다양성, 창의성, 괴짜, 탁월함을 만들어 낸다.

한 유대인 랍비가 탈무드를 이렇게 정의했다.

"항상 이럴 수도 있지만 저럴 수도 있다."

유대인 교육 '하브루타'의 원어적인 의미는 '친구, 짝, 파트너'를 뜻하며 누구라도 짝이 될 수 있다. 즉 나눔의 상대가 될 수 있다는 의미이다. 이를테면 그 짝과 함께 이야기를 진지하게 주고받으면 질문과 대답이 되고, 그것은 곧 진지한 대화로 이어진다. 나아가 전문성이 더해지면 토론과 논쟁으로 귀결되어 멋진 창의적 성과를 낸다.

그래서 나는 일찍이 강의를 하브루타식으로 학습하며 즐긴다. 그렇다 보니 수업 시 질문과 나눔의 시간이 많은 편이다.

천재 아인슈타인은 일곱 살 때 뮌헨의 김나지움(독일의 중등교육기관)에 입학했다. 그는 암기만을 강요하는 학습을 싫어했다. 그래서 수업 시간에 다양한 질문을 자주 하였다. 선생님은 아인슈타인의 질문이 수업을 방해하는 아이라고 여겼고 저능한 아이로 평했다.

하브루타 학습에서 중요한 것은 다른 관점을 갖고 질문을 멈추지 않는 것이다. 그래서 유대인 어머니들은 아이가 언제든 질문하도록 가르친다. 질문과 토론을 통해 독특한 생각법을 정립시키고자 함이다.

하브루타 교육을 실질적으로 활용한다면 누구를 막론하고 생각하는 힘을 키워주고 지성과 감성을 날카롭게 해준다. 예리한 안목과 통찰력을 갖도록 한다. 그래서 유대인의 탁월한 두뇌는 가지고 태어난 것이 아니라 천재머리가 되도록 키워졌다는 것이다.

분명 하브루타식 학습은 역동적으로 자극하고 격동시켜 최고의 두뇌로 만들어준다. 즉 생각하는 뇌로서 다양한 견해, 관점, 시각을 갖게 한다. 절대 무조건 외우기가 아니라 창의적 사고를 추구한다.

결국 뇌를 격동시켜 종합적 사고력과 통찰력 그리고 창의력을 키워준다. 더불어 하브루타 교육은 의사소통 능력을 기르는 데 가장 효과적인 방법이다. 한 주제를 가지고 질문, 대화, 토론하기 때문에 어휘력과 언어 구사 능력이 뛰어나게 키워지게 된다.

정말로 하브루타 교육은 천재머리로 만드는 기적의 학습법이다.

'고리론' 공동체 의식

영국의 역사학자 토인비는 인류 역사에서 일어났던 문명이 모두 사라지고 있는 반면에 유대인 문명만은 생생하게 살아있다고 주장했다.

유대인들은 어려서부터 '고리론'으로 공동체 의식을 강조한다. 탈무드에는 '고리론'으로 불리는 말이 있다.

"아무리 길고 훌륭한 쇠사슬이라도 한 개만 부러지면 무용지물이 된다."

유대인들은 어려서부터 이 '고리론'으로 공동체의식을 강조한다.

유대인 특유의 고리론은 고리로 연결된 한 가족이라는 믿음에 기인한 것이다. 고리는 아무리 길어도 한 개만 끊어지면 사용할 수 없다. 나 하나만이 아니고 동족이 다 같이 잘 살아야 함을 강조하는 것이다.

유대인 격언에 보면 "한 아이를 기르는 데 온 동네가 필요하다." 그래서 유대인 부모들은 학생들 전부가 자신들의 아이들이라는 생각을 갖고 대한다. 남의 아이를 위하는 것이 바로 자기 아이를 위하는 일이라 믿는다.

유대인들에게는 <탈무드>라는 인생 최고의 교과서가 있기에 가능했다. 그런데 고리론이 만들어지려면 어떠한 상황에서도 그 누구도 험담하지 않아야 한다. 상대방을 깎아 내리는 어떠한 말도 해서는 안 된다. 대신 상대의 장점을 살펴 주목해야 한다.

형식 타파의 뻔뻔함

유대인의 자녀를 선인장 꽃의 열매인 '사브라(Sabra)'라는 단어로 표현한다. 흔히 선인장은 메마른 사막이라는 악조건 속에서도 살아남고, 꽃을 피우고 열매를 맺는 강인함을 의미한다. 실제로 유대인은 12-13세가 되면 스스로 삶을 결정하게 된다. 독립심과 스스로 살아갈 힘을 갖도록 키운다.

이는 한마디로 형식 타파(Informality)로 모든 정형화된 형식과 격식을 파괴하는 것으로 '후츠파(Chutzpah) 정신'이라 말한다.

히브리어 '후츠파(Chutzpah)'는 '당돌함' '뻔뻔함' '담대함' '저돌적'을 의미한다. 유대인들에게 후츠파는 어려서부터 끊임없이 질문하고 도전하며 때로는 뻔뻔하면서도 자신의 주장을 당당히 밝히는 특유의 도전정신을 뜻한다. 즉 실패를 두려워하지 않는 개척정신이다.

이러한 후츠파 정신에 잘 어울리는 몇 사람들로는 찰리 채플린, 스티븐 스필버그, 아인슈타인, 마크 주커버그, 프로이트, 빌게이츠 등이 있다. 이들 모두 유대인으로써 최악의 환경에서 '할 수 있다'는 절대 개척정신으로 창출된 인물들이다.

그러므로 유대인들은 불굴의 후츠파가 기본 바탕이 된 사람들이다. 이들은 자신의 주장을 당당히 밝힌다. 그리고 선택했으면 뒤를 보지 않고 저돌적인 후츠파 정신으로 돌진한다.

인생 최고의 교과서

유대인들에게 <탈무드>야말로 그들의 정신적 지주였으며 민족을 강화시켜 주었고 끈질긴 생명력을 심어 준 원천이었다. 그러므로 탈무드는 필히 모든 사람들의 필독서라고 할 수 있다. 앞으로 <탈무드>보다 좋은 책은 없을 것이다.

고전 탈무드 이해

탈무드는 총 20권으로 1만2천 쪽에 달하며 2백 5십만 개 이상의 단어로 이루어진 방대한 분량의 책이다. 더군다나 무게는 75킬로그램이나 된다.

탈무드는 BC 500년부터 1천 년 동안 구전(口傳)되어 오던 것을 2천여 명의 학자들이 10년에 걸쳐 편찬한 것이다. 현대를 살아가는 유대인들에게 규범이 되고 있으므로 유대인 5천 년의 지혜서로 온갖 지식의 저장소라고도 할 수 있다.

유대인 탈무드(Talmud)는 유대민족의 역사와 함께 형성되어 성장해왔다.

기원전 100년경 다윗 왕이 유대민족을 번영된 국가 기반을 구축한다. 그 뒤 다윗 왕을 계승한 솔로몬 왕은 유대민족을 번성시킨다. 그러나 기원전 586년경 대제국 바빌론이 침략하여 멸망시킨다. 서기 70년에는 마침내 로마 제국에 의해 예루살렘이 함락되고 유대인들은 기나긴 유랑의 길에 나서야 했다.

유대교의 특징은 유일신을 믿는다. 그리고 모세5경(토라)을 신앙생활에서 가장 중요시한다. 토라(Torah)는 히브리어로 '율법'을 뜻하는 말로써 구약성서의 창세기와 출애굽기, 레위기, 민수기, 신명기 등 다섯 편을 의미한다. 토라에 명시된 계율은 의무 조항이 248개, 금지 조항이 365개, 합 613개 조항이 있다. 유대인들이 모세 5경(토라) 다음으로 중요시하는 것이 <탈무드>이다. 뜻은 '학습' '연구'로서 수천 년 동안 구전되어 온 지혜와 처세술이다.

우리가 유대인의 지혜와 처세술을 배우려면 필히 탈무드가 무엇인지를 인지해야 한다. 탈무드(Talmud, 위대한 연구)를 보면 "사람은 혀를 이용하여 정보 제공, 유언비어, 조롱, 또는 거짓말처럼 무시할 수 없는 많은 죄를 범할 수가 있다. 그러나 그 혀를 사용하여 무한히 많은 선량한 일들을 해낼 수도 있다"고 말하고 있다.

유대인 조상들의 입에서 입으로 전해져 내려온 가르침들을 편집한 내용이 '미쉬나'이다. 이 '미쉬나(Mishnah)'는 구전된 율법을 AD 200년경 최초로 기록된 원전이다. 그런데 '미쉬나'에 대해 토론하고 논쟁한 내용이 '게마라(Gemara)'이다.

결국 <탈무드>는 바로 이 두 가지를 모은 것을 말한다.

그러므로 탈무드는 랍비, 선생님, 현자, 학자들의 논쟁집으로 삶의 모든 영역에 걸친 문제들을 폭넓게 다루고 있다. 그래서 유대인이 탈무드를 한 번 읽는 데만 7년 반이 걸린다. 다시 평생 반복하여 읽는다. 그리고 <탈무드>의 첫 장과 마지막 장은 공란으로 남아 있다. 그래서 <탈무드> 제1권 1페이지는 백지다. 2페이지부터 시작한다. 시작과 끝은 각자의 인생 경험과 지혜로 새롭게 채워 넣으라는 의미라고 한다.

탈무드는 1천 년 걸려서 1만 2천 페이지에 달한다. 대략 2,000명 정도의 랍비들이 정리하였고 거의 600년 걸려서 완성하였다. 베껴 쓰는 데만 100년이 걸렸다.

```
┌─────────────────────────────────────────────┐
│            <고전 탈무드 이해>                   │
│                                             │
│        7년 반  ──────────▶   다시            │
│                                             │
│   ┌───────────────────────────────────────┐ │
│   │  탈무드 = 미쉬나 + 게마라   ==>  평생학습 │ │
│   └───────────────────────────────────────┘ │
│                                             │
│     탈무드 = 6부, 63제, 525장, 4,187절        │
└─────────────────────────────────────────────┘
```

　필자는 탈무드를 통해 지혜를 얻었기에 매주 진행되는 '인문학' 학습 모임에서도 정해진 학습 주제나 범위가 없다. 그 상황에 맞게 또는 시대의 트렌드와 구성원들에 맞게 준비하여 결정된다.

유대인의 역사

이스라엘 민족의 저력은 전적으로 유대교에서 기인한다.

　유대교의 특징은 계약의 종교다. 그들은 신과의 계약을 목숨 걸고 지킨다. 그렇다보니 상업상의 계약도 중시하였고 세계 경제사를 주도할 수 있었다. 그리고 율법을 통해 유대인은 모두 한 형제라고 가르친다.

　그들은 <구약>을 경전으로 삼고 있다. 구약은 하나님과 유대인의 관계를 적은 책이다. 기원전 1세기의 유명한 랍비였던 힐렐(Hillel)은 이렇게 말했다.

"인간 속에 심은 하나님의 형상이 완전히 개발되어 세계와 우주를 이해하고 지배해, 모든 인류의 삶이 하나님의 평화에 이르는 것이 <성경> 전체의 뜻이다."

유대인은 하나님이 아담을 창조하였다고 믿는다.

<구약> 창세기에 보면 하나님은 타락한 세상을 물로 씻어내면서 노아를 선택해 그 가족을 구했다. 대홍수를 겪고 살아남은 노아에게는 세 아들 셈, 함, 야벳이 있었다.

큰아들 셈의 후손들은 동쪽으로 갔다. 이들로부터 훗날 히브리, 페르시아, 시리아, 아시리아, 아라비아, 한민족, 몽골족 등 아시아계가 나왔다. 둘째 아들 함은 아프리카 쪽으로 갔고 그에게서 이집트, 이디오피아, 리비아 등 아프리카계와 가나안 사람들이 나왔다. 유럽으로 간 막내 야벳에게서 코카서스인과 아리아인 등 백인이 나왔으며 이들에게서 바다를 끼고 사는 백성들이 갈라져 나왔다. 지금의 북해와 지중해를 끼고 있는 나라들은 유럽들과 러시아 등이다.

아직도 논란은 있지만 이것이 구약적 인류 조상의 기원이다.

유대인 토라(모세오경)

구약(舊約)의 약(約)은 '계약'을 뜻하는데, 히브리어로는 혈약(血約)을 의
미한다. 즉 유대인은 '피로 약속한 영원불변의 언약'이라는 의미이다.
구약의 모세오경 또는 토라는 유대인들의 율법서이다.
토라(חורה)는 구약 성서의 첫 다섯 책으로 〈창세기〉〈출애굽기〉
〈레위기〉〈민수기〉〈신명기〉를 말한다. 모세가 저술했다는
의미로 '모세오경'이라고 한다.

유일신을 믿는 유대인의 정신은 토라(율법)를 중심의 뿌리로 삼고 있
다. 토라는 가르침 또는 율법이라는 뜻이다. 기원전 70년에
예루살렘 성전의 붕괴로 성전이 없어졌으며 율법을 배우는
회당이 없는 관계로 유랑하며 구전으로 율법을 이곳저곳에서
강론했는데 그 강론을 모은 것을 '미쉬나'라고 하고,
그 미쉬나를 기초로 해서 탈무드가 나왔다.

05

유대인의
착한 인간성

라손 하라(lasho hara)

가장 현명한 인사는,

부디 당신의 아이들이 당신처럼 훌륭한 사람이 되기를 빕니다.

_ 탈무드

나는 강의 때마다 유대인의 가르침과 격언들을 많이 인용하는 편이다. 얼마 전 인용했던 가르침에서 유대인 부모들은 자녀들에게 강조하여 가르치는 말이 있다.

"사람은 누구나 단점과 허물투성이다. 그러니 친구를 사귈 때 그의 단점과 허물보다는 장점과 강점을 살펴보아라. 그러기 위해서는 네가 하고 싶은 말보다 친구의 말을 두 배 이상 더 들어라. 곧 경청이 친구사귀는 지름길이다."

명예훼손과 중상모략을 일컫는 '모치 셈 라(motzi shem ra)'는 유대인 가르침 중에서도 가장 큰 죄악으로 삼는다. 그들의 공동체가 신뢰를 바탕으로 강력한 결속력을 갖는 이유이다.

철저한 입단속

대학원 시절 히브리어 시간에 배웠던 단어가 "라손 하라(lasho hara)"이다. 여기서 '라손'은 '혀'라는 뜻이고 '하'는 관사, '라'는 '나쁜'이라는 뜻이다. 그런데 '라손 하라(사람의 인격을 깎아내리는 말)'에 대응할 영어 단어가 없다고 한다.

'라손 하라'를 오랜 가르침(탈무드)으로 전하는 유대인조차 "다른 사람에 대한 부정적인 말을 하는 것을 금한다"는 율법이 가장 지키기 어렵다고 한다.

흔히 남에 대해 정보가 사실이기만 하다면 부정적인 내용일지라도 퍼뜨려도 도덕적으로 아무런 하자가 없다고 생각하는 경향이 있다. 그러나 유대인은 어느 누구든 간에 부정적인 사실을 퍼뜨리기를 금지하고 있다.

확실하든 확실하지 않던 스스로에게 '무엇 때문에 내가 그 얘기를 남에게 해야 하는가?'라고 물어야 한다. 아무리 그 정보가 사실에 근거했다 하더라도, 남에게 노출을 꺼리는 정보인지 고려해야 한다. 악의 없는 사소한 가십[2]이라도 그 사람의 이미지를 손상시킬 수 있고 인품을 격하시키는 결과를 초래할 수 있다.

'라손 하라'에는 단지 말에만 그치지 않는다. 상대방을 거론할 때 마음 씀까지, 이를터이면 눈알을 굴리거나 눈을 깜빡이든가, 비아냥 거리는 말투, 무시하는 태도, 부정적인 얘기를 옮기는 것, 은근히 남의 명예에 손상을 주려는 것, 넌지시 빈정대는 것, 어느 사람을 탐탁치 못한 과거를 암시하는 것 등등 모두 '라손 하라'에 해당 되는 태도이다. 결국 다른 사람의 지위를 깎아내리는 모든 태도를 뜻한다.

'라손 하라'로 가장 비유하기 좋은 예는, 마치 당신이 탄알이 들어 있는 총을 다루고 있다고 여기듯이 생각하며 조심해야 한다. 군 생활에서 가장 주의를 기울이며 조심히 다루는 것이 총이다. 얼마나 경계하여 다루는지 총을 쏘러 가서조차 총은 지급해도 총알은 나중에 총을 쏘기 바로 직전에 지급한다. 그리고 총을 쏘고도 필히 쏜 탄피를 수거해야 한다.

---

2) 신문이나 잡지 등에서, 유명한 사람과 사회적 사건에 대하여 흥미 위주로 가볍게 다루거나 비꼬아서 쓴 기사.

지혜롭다는 솔로몬 왕조차 "걱정이 많으면 꿈이 생기고 말이 많으면 우매한 자의 소리가 나타나느니라"(전도서 5:3)고 하였다.

우리는 유대인의 '라손 하라' 정신을 통해 조직의 결속을 단단히 하여야 하고 철저히 입단속을 하여 말조심을 해야 한다.

인내심의 결과

다음은 성공을 만들어낸 유대인의 격언이다.

"첫 번째 비결은 끈기이고, 두 번째 비결도 끈기이며, 세 번째 비결 역시 끈기입니다." 즉 유대인의 성공은 인내심의 결과라는 의미다.

성공의 한 가지 이름은 '인내'이고 또 다른 이름은 '기다림'이다. 그래서 인내심은 성공을 꿈꾸는 사람이라면 반드시 갖춰야 할 자질이다.

성공으로 가는 길은 순조롭지 않다. 그래서 누구든 인생의 여정에서 어려움과 위험, 절망 등을 경험한다. 하지만 언제 어디서나 유대인은 '우리의 삶은 언제나 힘든 일이 있은 후에 즐거움이 찾아온다'라는 희망의 신념을 갖고 살아간다. 그러면서도 겸손하다. 바로 성공은 겸손에서 나온다는 것을 알고 있기 때문이다. 중국 격언에 이런 말이 있다.

"세 명이 길을 가면 그중에는 반드시 나의 스승이 있다"

다음의 한 유대인 현자의 말은 마음에 새겨둘 만한 글귀이다.

"성공하고 싶은 자여, 마땅히 기회를 스스로 만들어야 할 것이니라. 어리석게 길가에 앉아 사람이 지나가기를 기다리면서 재물과 권력으로 향하는 길을 함께 가자고 청하지 말지어다."

어머니 덕분

흔히 언제나 기회는 준비하는 사람의 몫이라는 신념을 갖고 있는 것이 보통 사람과 성공한 사람을 나누는 중요한 단서이다.

유대인들이 하루 중 가장 소중하게 생각하는 시간은 언제일까?

바로 모든 가족들이 한 자리에 모이는 밥상머리 대화 시간이다. 미국의 케네디 대통령이 웅변과 연설에 능했던 이유도 어린 시절 어머니의 밥상머리 대화 때문이었다. 그래서 "세계를 움직이는 것은 미국이지만 미국을 움직이는 것은 유대인이다"라는 말이 있지 않은가.

미국의 심리학자인 브래프먼 형제가 쓴 <스웨이(동요)>는 세계적인 베스트셀러가 되었다. 그들은 이스라엘에서 태어나 미국으로 이민을 왔다. 30대에 베스트셀러 작가가 된 비결을 "어머니 덕분"이라고 말한다. 어머니가 공부에 흥미를 잃지 않도록 끊임없이 자극을 주었기에 오늘날의 성공이 가능했다는 것이다.

유대인 어머니들은 자녀가 학교에서 돌아오면 항상 묻는 말이 있다.

"오늘은 선생님께 어떤 질문을 했니?"

유대인 정신분석학의 창시자 프로이트는 "내가 위대한 인물이 되려고 노력한 것은 어머니가 나를 믿어주었기 때문이다"라고 말했다. 학습 부진아 아인슈타인을 과학 천재로 만든 것 역시 어머니의 학습 덕분이었다. 또 노벨평화상을 받은 유대계 헨리 키신저는 "어려서 아버지를 통해 배운 성경 지식이 언제나 나의 삶을 지배한다. 성경에 정치적 원리가 전부 다 들어 있었다"며 입버릇처럼 말했다.

이처럼 지금 당장은 성적이 떨어지고 엉뚱한 행동을 하더라도, 자녀의 잠재력을 믿고 장점을 찾아서 키워주려고 애써야 하고 끊임없는 칭찬과 격려로 키워야 한다.

<탈무드>에는 어머니를 '집안의 영혼'이라고 표현한다. 그래서 유대인은 어머니가 유대인 혈통이어야 진짜 유대인이 된다고 한다.

다음은 <탈무드>에 나오는 이야기이다.

시골에 사는 한 유대인이 아들을 학교에 입학시켰다.

아들이 공부하는 사이 아버지가 병이 들어 죽기 전, 유서를 썼다.

전 재산을 한 노예에게 물려주되, 그중에서 아들이 바라는 것을 꼭한 가지만 주라는 내용이었다. 아버지의 장례를 치른 아들은 랍비에게 찾아가 불평을 했다.

"왜 저에게 재산을 조금도 물려주시지 않았을까요?"

랍비가 대답했다.

"노예의 재산은 모두 주인에게 속한다는 사실을 모르는가? 아버지는 자네가 원하는 것 중 한 가지만은 물려주겠다고 분명히 말씀하시지 않았나?"

유대인 가정에는 남녀 차별이 없다. 그러나 아버지의 권위는 분명하다. 그래서 유대인 가정에는 아버지만 앉을 수 있는 의자가 따로 마련돼 있다.

유대인 아버지는 직장이 끝나면 곧장 집으로 퇴근해 가족과 함께 시간을 보낸다. 아이들과 놀아주고 하루 일과에 대해 대화를 하며 독서와 토론을 함께 한다. 그리고 자녀가 성인식을 치르기 전까지 학교 교육과는 별도로 역사와 율법, 도덕을 가르친다.

전인적 인격교육

유대인 성공의 힘은 어디에서 비롯된 것일까?

유대인의 진짜 성공 비밀은 무엇인가?

바로 그들만의 독특한 전인적 인성교육에서 기인한다.

전인교육은 배운 것을 실천해야 한다. 말없이 듣기만 하는 습관이 아니라 궁금한 건 언제든지 질문한다. 자기 생각을 자유롭게 발표한다. 특히 유대인들에게는 〈토라〉 〈탈무드〉 등을 읽고 함께 토론하는 문화가 있다.

일상생활에서 폭력보다 더 고통스러운 것은 언행에 따른 폭력, 즉 무절제하게 쓰는 언행이다. 남의 기를 꺾거나 일방적인 비판, 비꼬아 하는 말들, 공석에서 의도적인 모욕, 배려가 없는 말투, 남의 비밀을 폭로, 그리고 악의적으로 소문내기, 잔인하고 부정적인 말, 공격적인 어투, 신경질적인 말투, 꾸짖음 등등.

예로부터 유태교의 가르침에는 혀를 화살에 비유되어왔다.

"왜 많은 무기들 중에서 화살에 비유했을까?"

어느 랍비에게 질문했다.

그러자 다음과 같이 대답했다.

"제 친구를 죽이려고 칼을 뽑았다가도 그 친구가 빌며 용서를 구하면, 그 사람은 화가 누그러져서 그 칼을 도로 집어넣을 수도 있다. 그러나 한번 쏜 화살은 아무리 나중에 후회를 한다 해도 다시 돌이킬 수 없기 때문이다."

말은 화살처럼 사람을 해할 만큼 큰 힘을 가졌다. 내뱉어진 말은 되돌릴 수 없으며 주워 담을 수도 없다. 반면 인생을 바꾸거나 감동을 주어 상처를 낫게 하는 힘도 가졌다.

이 모두 자신의 선택에 달려있다.

1세기 전 동유럽계 유대 율법학자 하페츠 하임은 다음의 말을 남기었다. "사람들이 전보를 작성할 때, 말 한마디를 얼마나 신중히 골라 적어 넣는가를 관찰해 보게. 바로 그런 정도로 우리가 말을 조심스럽게 해야 한다네."

그래서 유대인들은 화가 난 상태에서 자녀를 꾸짖거나 나무라서는 안 된다고 가르친다. 유대 격언 중에 '노해 있을 때 가르칠 수는 없다'는 말이 있다. 화가 난 감정을 가라앉힌 다음에 차분한 마음으로 언행을 한다. 절대 꾸짖는 중에도 감정이 격해져서 인격을 무시하는 언어를 사용해서는 안 된다.

잠깐 자신의 언어를 주의 깊게 살펴보고는, 사람들과 대화에서 부정적인 말을 할 때마다 종이에 기록해 보자. 또 주변의 다른 이들이 그럴 때도 매번 기록한다. 내 언행에 상대편의 반응도 기록한다. 얘기 중, 해가 되는 말들을 모아 기록한다.

예를 들어 "넌 도움이 안 돼." "죽겠네!" "힘들다." "이게 일이냐." 등

큰 사람의 인품(人品)

온순한 혀는 곧 생명나무이지만 패역한 혀는 마음을 상하게 하느니라
_ 조셉 텔러슈킨의 <용기를 주는 말 상처를 주는 말> 중에서.

뒷담화

한번은 대화자리에서 한 동료가 벌떡 일어나더니, "화장실을 갔다 올
게"가 아니라 "내 뒷담화 짧게 해, 나 짧은 거야!"

이는 자신이 없을 때 쑥덕거림(험담)을 하지 말라는 의미이다.

얼마 전 지인으로부터 자신을 둘러싼 황당한 험담 때문에 가슴앓
이를 하고 있음을 알게 되었다. 심지어 일상적 직장생활이 힘들다는

얘기를 들었다. 전혀 사실과 다른 소문들이 돌고 있어 무척이나 속상해했다.

이를 흔히 '뒷담화'라 말한다.

유대인 부모는 자녀가 말을 인지할 수 있는 3-4살이 되면 가장 먼저 철저히 가르치는 인성교육의 핵심을 보면 '남을 헐뜯는 험담은 살인보다도 더 위험하다'. 이를테면 살인은 한 사람만 죽이지만 험담은 세 사람을 죽인다. 곧 험담을 퍼뜨린 사람 자신, 험담을 막지 않고 듣는 사람, 험담의 대상이 된 사람이다.

요즘 사람들은 험담을 얘기하는 데 거리낌이 없는 듯하다. 그런 자극적인 험담은 더 재미있어한다. 자신의 부끄러운 일들은 감추고 싶어 하면서도 남의 비밀스러운 약점에 대해서는 조심하기를 거부한다.

남에 대한 말을 하거나 옮기기 전에, 반드시 이 세 가지 질문을 자신에게 해 봐야 한다.

°그것이 사실에 근거한 것인가?
°꼭 필요한 말인가?
°그렇게 말하는 것이 서로에게 유익한가?

쑥덕거림

영국의 버트란트 러셀이 말하기를 "세상에 알려지지 않은 타인의 선행에 대해 얘기하는 사람은 아무도 없다." 윌리엄 셰익스피어가 쓴 38편의 연극은 거의 거짓말로 이야기가 전개된다. 당시 사회 풍토를 알 수 있을 것 같다.

사람은 모름지기 바른 언행을 실천해야 한다.

우리의 언행(言行)이 성숙해져서 보다 건강한 사회, 보다 행복한 삶을 누릴 수 있도록 해야 한다. 그러기 위해서는 비판(건설적인 비판은 수용), 비교, 비방, 그리고 험담을 해서는 안 된다. 우리의 지성이 상대의 오류를 명확히 평가할 수 있는 교양적 격과 옳고 그름을 가리는 객관적인 지성을 갖추고 있는지 살펴봐야 할 것이다.

언행(言行)에서 가장 안타까운 반칙은 유언비어와 중상모략 그리고 빗댐, 거짓말을 퍼뜨리는 것, 즉 모함이다. 유대인의 가르침은 이를 "모치 셈 라(motzi shem ra)"라고 한다. 이는 악의에 찬 거짓말이다. 그러므로 쑥덕거림, 중상모략, 유언비어, 명예손상, 조롱, 험담, 모욕, 거짓말 등은 사람을 서서히 죽이는 말들이다.

이 글을 정리하면서 다시 결심을 하게 됐다.

남을 험담하지 않겠노라고, 단호히 말조심하겠노라고, 한마디 말도 신중히 쓰겠다고 다짐을 한다.

그 사람의 인품

사실 주변인들과의 좋은 관계가 중요하다. 그래서 존경받는 사람들을 보면 일도 잘 하지만 사람을 대할 때 반듯하다. 사회생활 속에서 관계는 혼자서 제멋대로 할 수 있는 것이 아니다. 하물며 비즈니스에서 인간관계가 나쁜 데 성공했다는 소리를 들어보지 못했다.

그렇다면 좋은 인간관계를 만들고 유지하려면 어떻게 해야 할까?

우리는 한번쯤 심각하게 점검해볼 필요가 있다. 점검 후 실질적으로 배우고 훈련해야 한다.

4세기 탈무드 랍비였던 나탄은 "사람의 인품은 걸음걸이, 복장, 인사법을 보면 알 수 있고 일이나 술자리, 대화를 통해 시험해볼 수 있다"라고 하였다.

이 중에서 걸음걸이, 복장, 인사법은 첫인상에 관한 것이다. 그런데 보통 이 세 가지가 '첫인상 태도'로 상대의 인품을 어느 정도는 판단할 수 있다. 그러므로 특별히 두드러질 필요는 없지만 좋은 인상을 남길 필요는 있다.

참으로 첫인상에 심혈을 기울어야 한다.

우선 걸음걸이는 등을 꼿꼿이 세우고 똑바른 자세로 걷는지를 봐야 한다. 사람들은 의외로 자신의 뒷모습이 타인에게 어떻게 보이는지 신경 쓰지 않는다. 본인은 똑바른 자세로 당당히 걷고 있는지 한번 생각해 보자.

한쪽 어깨를 치켜 올리며 걷는지, 아니면 다리를 벌리어 걷는지.

가끔 나도 모르게 땅을 보며 어깨가 쭉 쳐져서 걷는지 등 자신의 모습을 점검해 봐야 한다. 또는 거울에 비친 모습을 살펴 분석하며 커뮤니케이션 전문가로부터 코칭을 받아보는 것도 좋은 방법이다.

복장은 반드시 새 옷이나 명품을 입으라는 뜻이 아니라 자기에게 잘 어울리는 옷을 입는 것이 중요하다. 보는 사람들에게 편안함을 주고 활동하기에 맞는 것이 좋다. 평소 자신에게 잘 어울리는 옷차림을 입고 활동한다.

인사는 예의범절을 갖추고 공손한 태도로 한다.

동서양을 막론하고 웃는 얼굴로 "안녕하세요!" 먼저 인사를 하거나 악수를 청하면 싫어할 사람이 없다. 인사는 올바른 자세로 또렷하게 말해야 한다.

그런데 이러한 태도는 모두 인품에서 나온다는 것이다. 억지로는 안 되며 인품을 갖춘 예의 바른 태도에서 드러난다.

이제 우리도 평상시 걸음걸이, 미소, 인사, 악수, 배려 등 바른 태도를 갖추기 위해 부단히 노력하면 좋을 듯하다.

어진 인간(人間)

프랑스의 철학자이며 종교가인 블레즈 파스칼은 "인간은 생각하는 갈대다"라고 말했다. 즉 인간은 바람에 흔들리는 강가의 갈대처럼 약한 존재다. 하지만 사고력만큼은 위대한 능력을 갖고 있는 존재라는 의미다. 그런가하면 우리가 잘 아는 아리스토텔레스는 "인간은 사회적 동물이다"라고 말했다. 즉 인간은 사회적, 정치적 공동체 단위에 속한 존재로 다양한 사람들과 어울리며 살아가는 존재 말이다.

유대인 장군이며 역사가이기도 한 요세푸스는 "사람들과 어울리기 기 위해 우리는 태어났다"라고 말했다. 또 스페인의 유대인 시인이며 철학자인 가비롤이 고독한 인간에 대한 멋진 비유의 말을 남겼다.

"친구가 없는 사람은 왼손만 있고 오른손이 없는 것과 같다."

그러므로 어진 사람이 되려면 연마해야 된다. 즉 갈고 닦음이 있어야 완성된 인격을 갖출 수 있다. 그런데 연마(鍊磨)란 단순히 혼자만의 노력으로 가능한 일이 아니다. 사람은 타인과 만나 교류하면서 연마된다. 때론 부딪히기도 하면서 다양한 경험을 쌓을 때 성장하고 어른이 된다.

그래서 사람은 부단히 연마하지 않으며 성숙해질 수 없다. 인간은 혼자가 되면 독단과 독선, 자존심만으로 똘똘 뭉친 괴물이 될 수도 있다. 그러므로 이제 사람들 속으로 들어가야 한다. 그들과 어울리면서

어진 사람이 되려고 노력해야 한다.

잘 연마된 사람은 성급하게 말을 많이 하기보다는 두 귀를 열어 둔
다.

독일계 유대인의 속담에 "통로를 향해 두 귀를 바짝 세워라"는 말
이 있다. 더 나아가 "두 눈으로 본 뒤 두 손으로 잡아라"는 말도 있다.
이는 정보나 지식을 습득한 것에 그치지 말고 실제로 자신에게 도움
이 될지 스스로 확인하라는 의미이다.

현장에서 확실한 지식과 경험을 습득하는 것이 얼마나 중요한지에
대해 로스차일드 재벌의 기반을 닦은 네이슨 메이어 로스차일드는
"만약 좋은 술을 빚어 팔고 싶다면 양조장의 견습생으로 들어가라.
그러면 런던에서 양조가로 성공할 것이다." 즉 위스키의 본고장 스코
틀랜드에서 정통 위스키의 제조법을 배워 위스키 양조장이 없는 런던
에서 개업하면 크게 성공할 것이라는 의미이다.

고로 성공은 정보나 지식을 얼마나 실용적으로 활용하느냐에 따라
결정된다. 그러므로 어진 인간은 끊임없이 배우고 연마한다.

의문을 갖는 것

유대인 랍비 벤 엘리에제르는 이렇게 말했다.

"진리는 길바닥에 떨어진 돌멩이처럼 어디에나 흔하게 있다. 그런데 돌멩이를 줍기 위해서는 몸을 구부려야만 한다. 문제는 사람들이 진리를 줍기 위해 허리를 구부리는 일조차 하지 않는다는 것이다."

나는 어떤 일에나 의문을 갖도록 권장한다.

새로운 것을 알고 싶다는 호기심이 사람을 새로운 세상으로 이끈다.

16세기 팔레스타인 북부 도시 제파트에서 유대 학원을 운영한 사무엘 우케다는 "의문이 사람을 지혜롭게 한다"고 말했다. 또한 기원전 1세기의 <마카베오서>는 "질문하라, 그리고 배워라"라고 가르쳤다. 19세기의 아이작 바이즈 역시 같은 맥락에서 "유익한 의문을 가졌던 덕분에 인류는 진보할 수 있었다"라고 말했다.

솔로몬 왕이 쓴 <전도서> 에 나오는 말이다.

"새장 속의 새는 말한다. '당신은 내 먹이가 충분한지 살피지만 내가 갇힌 몸이라는 사실은 돌아보지 않는다.'"

사람은 작은 새를 예뻐하며 돌본다. 새장의 상태를 점검하고 배가 고프면 먹이를 제공해 준다. 그러나 작은 새가 새장이라는 자유롭지 않은 환경에 갇혀 있다는 사실에는 의문을 갖지 않는다.

이렇게 사람은 자기중심적인 시선으로만 사물을 본다.
사람들과의 관계에서도 일방적으로 자기중심으로만 보기 때문에
상대방을 정확히 바라보는 시선을 놓치기 일쑤이다.

유대인의 시온주의(Zionism)

지금의 이스라엘은 본래 팔레스타인 땅이었다. 제1차 세계대전이 끝난 뒤 오스만 터키 식민지였던 이 지역의 패권을 잡은 영국은 이곳에 유다인 국가와 팔레스타인 국가를 건설하겠다고 발표했다.

유대인들은 AD 77년 로마 제국에 멸망한 이후 2000년 가까이 뿔뿔이 흩어져 유랑생활을 했다. 하지만 19세기 후반 유럽을 중심으로 반(反)유다주의가 기승을 부리자 유대인들은 이에 대응해 '시온주의'를 부르짖으며 팔레스타인 땅으로 모여들기 시작했다.

마침내 유다 지도자들은 영국을 상대로 전쟁비용을 지원하는 조건으로 옛 유다 땅에 이스라엘 건국을 보장한다는 약속을 받아냈다. 1947년 유엔의 분할 결의안에 따라 인구 60만 명의 이스라엘은 팔레스타인 전 지역의 3분의 2를 차지했다. 반대로 아랍계 팔레스타인 주민 300만 명에게는 3분의 1밖에 돌아가지 않았다. 영국·미국·소련이 이스라엘 건국을 지지했기 때문이다.

06

말을 다스리는
언격(言格)

말의 위력

물은 수년에 걸쳐 한 방울 끊임없이 떨어지면서 돌을 마모시킬 수 있다.

만일 그 모든 물을 돌 위에 한꺼번에 쏟아 붓는다면,

물은 돌에 아무런 흔적도 남기지 못하고 흘러내릴 것이다.

_ 9세기의 랍비 '이스라엘 살란터'

말조심

탈무드에 이런 이야기가 있다.

어떤 왕이 광대 2명을 불러 한 사람에게는 이 세상에서 가장 악한 것을 찾아오라고 명했다. 또 한 사람에게는 가장 선한 것을 찾아오라고 명령했다.

얼마의 시간이 흐른 후 두 광대는 답을 찾아왔다.

그런데 두 광대의 답은 같았다. 그들은 모두 '혀'라고 답했다.

이처럼 혀는 어떻게 사용하느냐에 따라 약이 될 수도 있고 독이 될 수도 있다. 탈무드는 말하기를 "인생을 참되게 사는 비결은, 자신의 혀를 함부로 사용하지 않는 것이오."

분명 말 한마디가 인생을 바꾸어 준다.

어느 어머니가 다섯 살짜리 아이를 데리고 점쟁이를 찾아갔다.

아이를 살핀 점쟁이는, 이렇게 예언했다. "이 아이는 아주 똑똑하고 장차 유명한 사람이 되긴 하겠는 데 아깝게도 43세에 단명하겠다."

그런데 아이도 그 말을 들었다. 예언대로 그는 성장에서 유명한 사람이 되었다. 하지만 40세가 되자 어릴 때 점쟁이한테 들었던 말이 마음에 걸려 불안해지기 시작했다. 너무나 불안해서 마약에 손을 댔고 그는 결국 약물 중독으로 43세에 세상을 떠나고 말았다.

그가 바로 세계적인 락 스타 엘비스 프레슬리(1935-1977)였다.

이처럼 무엇이든 부정적인 말은 인간의 내면은 물론이고 삶에 그대로 영향을 준다. 사람을 소극적으로 만들고 부정적으로 바라보게 된다. 반면 긍정적인 말은 적극성을 갖고 모든 것을 낙관적으로 바라보게 한다. 인간관계 역시 훨씬 부드럽게 만들어준다. 그러므로 상대를 높여주며, 찬사와 칭찬, 격려와 축복의 말을 사용해야 한다.

유대 역사를 통틀어 단연 두각을 나타낸 2세기경의 랍비 아키비 (Akiba)는 <탈무드>에 등장하는 랍비들 중에서도 가장 존경받는 사람이다. 아키비는 원래 양치기였다. 훗날 당대의 가장 뛰어난 학자이자 지도자가 되었다. 그런데 그는 중년기에 접어들 때까지도 문맹이었다.

아카비는 나이가 마흔이었지만 배운 것이 아무것도 없었다. 어느 날 그는 우물가에 서 있다가 주위 사람에게 물었다.

"누가 이 돌을 움푹 파이게 했나요?"

그러자 "날마다 돌 위에 떨어진 물 아닐까요?"라는 답변이 돌아왔다.

아키바는 그 말을 듣고는 큰 깨달음을 얻어 이렇게 말했다.

"만일 부드러운 물이 딱딱한 돌을 닳게 할 수 있다면, 강철 같이 견고한 토라의 말씀은 부드러운 살과 피로 이뤄진 내 심장에 얼마나 큰 영향을 줄 수 있겠는가?"

이처럼 유대인의 저력은 전인적 언격(言格) 교육에서 온 것이다.

위대한 말솜씨

박제된 입이 큰 농어에 다음과 같은 글이 적혀 있었다.

"내가 입을 다물었다면, 난 여기에 있지 않을 것이다."

요즘 입을 잘못 열어서 낭패를 당하는 일이 비일비재하다. 그래서 말할 때는 매우 신중하게 해야 한다. 한 번 내뱉은 말은 주워 담을 수 없기 때문이다.

지혜의 왕 솔로몬이 쓴 <잠언 12장 18절>에서는 이렇게 전하고 있다.

"함부로 말하는 사람의 말은 비수 같아도, 지혜로운 사람의 말은 아픈 곳을 낫게 하는 약이다."

랍비 라이머는 삶에서 기본이 되는 네 마디 말을 강조했다. 그리고 유대교들에게 자주 다음의 말을 하겠다고 맹세하라고 촉구했다.

"감사합니다" "사랑합니다" "안녕하십니까?" "무얼 도와드릴까요?"

실로 우리가 긍정의 표현에 익숙해지려면, 먼저 감사하는 마음가짐을 지녀야 한다. 유대 전통에서는 매일 하나님께 백 번의 감사를 드리도록 규정하고 있다. 어떤 이들은 백 번의 감사는 너무 많다고 생각할지도 모르나, 감사함을 되풀이하는 것이 습관이 된 사람에게는 삶이 주는 즐거움들을 그냥 무심히 지나치지 않도록 깨닫게 해 준다. 그러므로 긍정의 말은 두고두고 해야만 하는 말이다.

유대들은 남을, 특히 대중 앞에서 모욕을 주는 것을 사람이 할 수 있는 가장 잔혹한 일들 중 하나라고 본다. 중세기 유대 철학자이며 랍비인 모세 마이모나이즈가 말한 다음의 세 가지 제안을 명심하자.

- 어떤 것이라도 나무람은 사석에서 해야 한다.
- 그 잘못을 저지른 이에게 친절하고 부드럽게 말한다.
- 실수를 범한 당사자를 위하여 말하고 있다는 것을 분명히 해야 할 것이다.

깊은 뜻을 담은 말씨

19세기 독일 극작가인 프리드릭 헤벨은 "한 번 거짓말로, 하나의 진실만이 아닌 모든 진실을 다 잃어버리게 된다"라고 말하였다.

일찍이 언어생활을 조사한 결과에 보면 16세 때까지 우리가 하루에 듣는 말 가운데 부정적인 언어가 약 75퍼센트라고 한다. 그래서 전 미국의 대통령 에이브러햄 링컨은 "말은 힘이 있다"라고 말했다.

잠깐 내가 여태까지 뿌려 왔던 말의 씨앗을 되짚어 보자.

어쩌면 깜짝 놀라게 될 수도 있다.

"어, 그냥, 뭐, 씨~, 빈말이었는데....."

아무리 가벼운 한마디라도 상대의 가슴에 상처를 줄 수 있다. 그래서 우리 속담에도 "말이 씨가 된다"는 말이 있지 않은가? 그저 툭 농담처럼 던진 빈말조차 생명력을 지닌 씨앗이 되어 싹을 틔우고 결실을 맺는다.

말은 살아 움직인다. 말이 반복되어 심어지면 자라게 된다. 그것이 거짓일지라도 반복적으로 주입하면 진실이 되어 버릴 수도 있다. 따라서 빈말, 농담이라도 부정적인 말은 금해야 한다.

프랑스의 작가이자 실존주의 사상가인 장 폴 사르트르는 이렇게 언급했다.

"나는 내가 말하는 것으로 존재한다."

미국의 인디언들 사이에서 진리로 통하는 속담에 보면 "같은 말을 2만 번 이상 말하면 그것은 현실이 된다." 수용소에 들어가는 자녀에게 할머니가 확신으로 던진 희망의 말 한마디가 극한의 수용소에서 생존할 수 있었던 비밀이었다.

"너는 돌아올거야! 반드시!"

이 말은 노벨 문학상 수상자인 헤르타 뮐러의 소설 <숨그네>에 있는 내용이다.

로고테라피(logotherapy)는 하나의 심리요법으로서 '언어치유' 즉 의미치료를 의미한다. 더 넓게 해석하면 '긍정언어요법'이다. 이 의미치료

(logotherapy)는 신경학자이며 정신과의 의학자인 빅토르 프랑클에 의해서 시작되었다. 그는 유대인이었다.

긍정언어요법은 긍정의 언어, 격려와 칭찬, 경청 등을 통해서 상대방에게 긍정적 변화를 일으키는 것이다. 일명 '피그말리온 효과'라고도 말한다.

이는 우리가 일상적으로 사용하는 말에서 일어난다.

"참 좋았습니다" "아빠, 최고!" "엄마, 고마워요!" "당신을 만나서 행복해!" "홍길동 과장님은 언제 봐도 믿음직스러워!" "힘든 여건에서도 이 프로젝트를 해내다니 정말 훌륭한데!" "오늘 강의 덕분에 큰 힘을 얻었습니다" "따뜻하게 손을 잡아 주셔서 힐링이 되었습니다" "덕분입니다" 등 이러한 말이 내 삶의 의미를 새롭게 다져 준다.

일찍이 의술의 아버지로 불리는 히포크라테스는 이 사실을 간판하여 이렇게 말했다.

"의사에게는 세 가지 무기가 있다. 그 첫째는 말이고, 둘째는 메스고, 셋째는 약이다."

결국 강력한 치유 효과를 지닌 것이 말이라는 의미이다.

언어 폭력

제 이웃을 여러 사람들 앞에서 모욕하는 자는
자신의 몸에서 피를 흘리는 것과 다를 바 없다.

_ 탈무드

하버드대학의 교육 목표 중 하나는 따분하지 않은 사람으로 키우는
것이라고 한다. 뻔하고 지루한 대화가 아닌 유머, 비유, 반전 등의 기법
을 통해 듣는 사람에게 뜻밖의 즐거움을 주는 우문현답(愚問賢答)의
실력을 갖춰야 한다. 이는 어리석은 질문에 현명한 대답이란 뜻이다.

입으로 부정하거나 위축된 말, 소극적인 말을 하면서 큰 꿈을 이룰
수 없음을 기억하라. 대신 지행합일(知行合一)의 정신으로 내면의 깊이

에 걸맞은 말을 해야 하겠다. 다시 말하자면 아는 것과 행동하는 것이 일치해야 한다는 것이다.

금하는 말들

현대사회는 매우 교양 있는 언행과 기품있는 태도를 요구하고 있다. 일상생활에서 우리에게 미치는 말의 강력한 효과에 대해 생각해보고 자 한다.

17세기의 위대한 프랑스 철학자인 파스칼이 말하기를 "누구든 다른 사람이 그들에 대해 했던 말을 다 듣게 된다면, 이 세상에 단 네 명의 친구도 생기지 않을 것이다." 영국의 버트란드 러셀은 "세상에 알려지지 않은 타인의 선행에 대해 얘기하는 사람은 아무도 없다"라고 말했다.

지금으로부터 2세기 전, 스위스의 신학자이며 시인이었던 조나단 래버터는 부정적 정보를 노출시키는 문제에 대해 이렇게 말했다.

"확실치가 않다면 그 어느 누구에 대해서도 나쁜 얘기를 하지마라. 확실하다면 네 자신에게 '무엇 때문에 내가 그 얘기를 남에게 해야 하는가?'라고 물어라."

얼마 전 문득 나 스스로에게 물었다.

"나는 남에 대해 말할 때, 누구와 얼굴을 맞대었을 때, 부정적이고 상처를 주는 말을 얼마나 자주했는가?"

"최근 나는 남의 기를 꺾고, 비꼬고 모욕을 주며 마음을 상하게 하는 말투 등을 경험해 본적이 있는가?"

유대교 사회에서는 부정적으로 암시하는 말들을 금한다. 그들이 금하고 있는 말들을 아래에 세 가지로 분류해 보았다.

- 남의 명예를 손상시키는 정보나 의견
- 설사 사실에 근거했다 하더라도 좋지 못한 내용의 이야기들
- 거짓말이나 유언비어, 욕, 중상모략, 험담 등

다양한 사람을 대하고 관계적 나눔을 가질 때, 나는 얼마나 부정적인 언행을 취했는가? 그 자리에 없는 사람에 대한 부정적인 발언은 어떠했는지, 화가 심하게 나서 한 말은 없었는지? 또 여럿이 있는 자리에서도 다른 사람을 깎아내리거나 모욕을 주었던 경우는?

또 무시하고 해가 되는 말은? 혹시 관계까지 끊어버릴 만한 극단적인 말을 해버린 경우는 없었는지 되짚어보고자 한다.

험담은 늘 남의 약점을 찾는 법이다. 그것은 해충과 같아서 더러운 곳에서만 휴식을 취한다. 그러므로 우리는 평가를 깎아내리기 전에,

반드시 다음의 세 가지 질문을 자신에게 해봐야 할 것이다.

- 그것이 사실에 근거한 말인가?
- 꼭 필요한 말인가?
- 더 지혜로운 말은 없는가?

고매한 언격(言格)

말에는 힘이 있어 창작을 한다.

말이 큰 영향력을 발휘한다는 점은 명백하다. 따라서 말을 사용하되 조심히 귀하게 사용해야 한다. 해로운 말을 입에 담아서는 안 된다. 오히려 남을 치켜 높이 칭찬하고 격려가 되는 말을 해야 한다. 그래서 지혜로운 자는 말수가 적고, 자랑을 하지 않는다.

말이 곧 그 사람 자신이기 때문이다.

말은 단순히 입에서 나오는 것이 아니라 자신의 성품과 인격, 가치관, 그리고 본성들이 집약되어 나오는 것이다.

내면의 힘이 말의 힘이 되고, 내면의 충실함이 말의 충실함이 된다. 일찍이 중국의 공자는 '바탕과 겉모습이 조화를 이루어야 군자답다'

라고 말했다. 즉 공자가 추구했던 '인(仁)'을 갖춘 군자는 그 말과 행동이 모두 진실해야 한다고 했다. 그래서 공자의 가르침을 세 가지로 압축한 <논어>의 맨 마지막 문장은 다음과 같은 '삼부지(三不知)'로 대미를 장식한다.

不知命, 無以爲君子也
不知禮, 無以立也
不知言, 無以知人也

천명(天命)을 모르면 군자가 될 수 없고,
예(禮)를 모르면 세상에 당당히 설 수 없으며,
말(言)을 모르면 사람을 알 수 없다.

러시아의 시인 푸시킨은 "격언이나 명언이라고 하는 것은 잘 이해할 수 없어도 놀랄 정도로 쓸모 있는 것이다"라고 말했다.

말에도 저급한 말이 있는가하면 고상한 격의 말이 있는 데 언격(言格)이다. 언어에도 사람의 품격에 해당하는 격이 있다는 얘기다. 놀라운 사실은 그 사람이 쓰는 언격이 삶을 결정한다. 그래서 높고 뛰어난 언격은 성공을 만든다.

철학자이자 시인인 에머슨은 "사람은 누구나 자신이 하는 말로 스스로를 판단한다. 원하든 원치 않던 간에 말 한마디가 남 앞에 자기의 초상을 그려 놓은 셈이다."

인격적으로 완성된 사람은 자신을 과시하지 않아도 그 인격이 저절로 언행에서 풍겨 나온다.

이번 장은 유대인 격언으로 마치려고 한다. 자, 크게 읽고 적어보자.

"만약 당신이 살아남고 싶다면 먹는 것,
마시는 것,
노는 것,
일하는 것으로는 안 된다.
지혜가 있어야 살아남을 수 있다."

미츠바(Mitzvah)

"미츠바" 즉 "계율"이라는 말은 히브리어의 "명령"이라는 말에서 유래했다. 12-13살 성년식이 끝나면 남녀 모두 통 털어 '브나이 미츠바'라 하는 데 '율법의 아이들'이란 뜻이다. 성년으로서 자신의 행동과 생각에 책임을 지게 됨을 공식적으로 인정하는 유대인의 종교의례이자 가정 축하의식이다.

유태인의 관습에 따르면, 유대 토라(율법)에는 613개의 미츠바가 나온다. 탈무드에서는 이것을 해서는 안 되는 365개의 미츠바(예 : 살인해서는 안 된다)와 해야 하는 248개의 미츠바(예 : 부모님을 공경한다)로 나눈다. 또한 탈무드에서는 이 두개의 숫자를 기억할 수 있는 아주 편리한 방법을 제시 한다. 즉 613개의 미츠바 중에서 해서는 안 될 미츠바는 1년의 날수와 똑같은 숫자인 365이고, 지켜야 하는 미츠바의 숫자인 248은 사람 몸의 부분의 숫자와 똑같은 숫자라는 것이다.

07

유대인의
슬기로운 화법

그들의 지혜 화법 배우기

말을 부드럽게 하면 사람을 살리고 악하게 하면 사람을 죽인다.

_탈무드

지혜로운 화법

한 사람의 마음을 얻는다는 건 실로 어렵다. 그러므로 혼신을 다해 대하고 말해야 한다.

나의 말이 상대의 굳게 닫혀 있는 마음의 문을 열 수 있는지, 녹여낼 수 있는 말인가를 냉철히 분석해야 한다. 실로 적절한 말 한마디가 천 냥 빚만 갚는 것 이상으로 상황을 바꿔놓을 수 있기 때문이다.

우리의 말솜씨는 어떠한가? 깃털보다 가벼운 말이라 하여 아무생각 없이 쏟아내고 있지는 않은가? 아니면 황금 입처럼 위력적으로 사용하고 있는가?

고대 이스라엘의 현자인 벤 시라(Ben Sira)의 조언이다.

"무슨 말을 들었는가? 네 안에서 그치도록 하라. 강하게 견디어라. 그러면 그것이 너를 파멸시키지 않을 것이다."

흔히 세계를 움직이는 유대인의 힘을 지혜로운 화법이라고 말한다.

역사학자 토인비는 가장 우수한 사람을 많이 배출한 민족을 유대인이라고 하였다. 여전히 우수하고 탁월한 민족하면 유대인들이 가장 먼저 떠오르게 된다. 거기엔 유대인들만의 나름 특별한 언어 학습법이 있기 때문이다.

유대인들은 어릴 적부터 유치원에서부터 집중적으로 언어교육을 받는다. 그 다음으로 지혜의 가르침인 탈무드를 외우고 배운다. 주로 소그룹 형식으로 상대를 설득시키는 발표를 학습한다. 이렇게 배운 유대인들의 설득력은 가히 어떨지 상상해낼 수 있다.

그들에겐 '어떤 질문을 했는가'가 말 잘 하는 것보다 더 중요하다. 질문을 하는 것을 보면 얼마나 지혜로운지 알 수 있기 때문이다. 그래서 미국 내 가장 많은 변호사를 둔 민족이자 유명 대학교의 교수가 가장 많은 것도, 노벨상 3분의 1를 차지한 것도 유대인이다.

그렇다면 무엇이 유대인을 세계적인 인물로 만들었는가?

여러 번 강조하지만 바로 '하브루타'식 교육법이다.

이는 질문을 중요한 교육 수단으로 활용하고 있는 대화식 전통교육 방법이다. 짝을 지어 질문하고 대화하고, 토론하며, 논쟁하는 것이 특징이다. 즉 서로 최상의 아이디어와 생각을 끌어내어 나눈다.

유대인들의 지혜 화법 7가지

1. 젊은이로부터 발언권을 준다.
2. 이야기 도중에 끼어들지 않는다.
3. 말하기 전에 먼저 생각한다.
4. 당황하면서 서둘러 대답하지 말라.
5. 질문과 대답을 간결하게 한다.
6. 처음 할 이야기와 나중 할 이야기를 구별해야 한다.
7. 잘못 말한 것은 솔직하게 인정한다.

논리적으로 표현하기

유대인들이 말을 잘 한다는 것은 달변가를 의미하지 않는다. 그들은 질문 중심의 말을 달고 산다. 반면 한국인 대다수는 말이 적은 편이며 자기표현이 서툴다. 또한 단순하고 짧게 말한다.

그러나 유대인의 언어생활은 다르다. 말을 하는 것이 매우 중요하다고 생각한다. 자신의 생각을 논리적으로 잘 표현하는 것을 성공하는데 가장 필요한 핵심요소라고 생각한다. 왜냐하면 세상에서 성공하기 위해서는 다른 사람을 설득하여 협조를 얻어내야 하기 때문이다. 설득을 하려면 말을 논리적으로 표현함으로써 비로소 자신의 것이 되기 때문이다.

유대인들은 막힘없이 말하는 것에 익숙하다. 질문도 많이 하고 또 답변도 잘 한다. 이는 모두 말하기다. 또 글을 쓰는 것 역시 말하는 것의 일환이다. 그들은 평상시 독서와 글쓰기를 통해 표현을 키울 수 있었다.

유대인들 가정에서 식사는 대화의 장이다.

생각해 보라, 대화가 없는 식탁은 그야말로 삭막하다. 그러나 다정한 대화야말로 인생의 윤활유다. 어쩌면 최고의 행복한 시간일 수 있다. 그래서 얼마나 말을 잘 하느냐, 논리적이냐는 그 사람의 생각하는 능력이 어느 정도인가를 가늠하는 척도가 된다.

절대 긍정 생각

독일의 철학자 니체는 "오늘 가장 크게 웃는 자는 최후에도 역시 웃을 것이다"라고 말했다. 파블로 피카소는 "상상할 수 있다면 그건 이미 현실이다"라고 하였다.

유대인들은 기본적으로 '말을 통해서 배운다'는 생각을 갖고 있다.

창의성이라는 것도 결국은 표현의 산물이다. 그래서 말하기에도 훈련이 필요하다. 말을 함으로서 모르는 것을 알고 넘어가며 배운다. 말을 잘 한다는 것은 먼저 마음을 열고 상대방을 대한다는 것이다.

유대인들을 통해 확실히 알 수 있는 것은 말하기의 힘은 매우 강력한 표현 수단이라는 것이다. 인터뷰의 제왕으로 불리는 래리 킹 앵커는 말을 잘하는 비결을 '절대 쑥스러워하거나 두려워하지 않아야 한다. 또 호기심이 있어야 한다.'라고 말했다.

말을 적절히 잘 한다는 것은 필연적으로 생각을 많이 했다는 의미이다. 그래서 말을 잘 하려면 절대 긍정의 인격을 갖춰야 한다.

유대인들은 왜 말하는 것을 중요하게 생각할까?

말은 생각하는 힘이 키워지고, 논리적으로 사고할 수 있기 때문에 창조적이다. 지혜가 늘어나고 깊어지게 된다. 이제 우리도 크게 성공하고 싶다면 논리적으로 말을 해야 한다.

유대인들은 항상 긍정적으로 생각하고 말하며 긍정을 기대한다. 그래서 창의적 성과를 낼 수 있었다. 보지도 듣지도 말도 못하는 헬렌 켈러는 이를 이렇게 말했다.

"낙천은 사람을 성공으로 이끄는 신앙이다."

침팬지와 인간의 유전자는 98.6%가 같다고 한다. 단 1.4%의 차이는 바로 삶의 목표에 대한 도전이라는 이야기다. 침팬지는 주어진 삶에 안주하지만 인간은 항상 새로운 목표를 설정해 더 나은 삶을 기대하며 도전한다.

독자들에게 부탁하고 싶은 말이다.

나 스스로를 싸구려 존재로 취급하지 않았으면 한다.

천재 화가로 일컬어지는 파블로 피카소는 천재란 단어가 그를 위한 것이란 말이 딱 맞을 정도다.

한 번은 천재 미술가 파블로 피카소가 그림을 그리는 것을 보고는, 어떤 백만장자가 피카소에게 다음과 같은 말을 했다고 한다.

"당신이 세 번의 선만으로 여자를 그릴 수 있다면 수백만 달러를 주겠소."

피카소는 곧바로 그림을 그렸다.

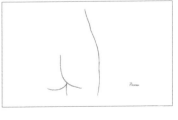

파블로 피카소의 선 스케치

평생 말공부

유대인 탈무드에 이런 말이 있다.

"교사는 혼자만 알고 떠들어서는 안 된다. 교사와 학생이 주고받는 말이 많을수록 교육 효과는 상승한다."

유대인들에게 공부는 선택 사항이 아니라 누구나 해야 하는 필수이다. 그래서 그들은 평생 말공부를 한다. 말이 곧 그 자신이며 인격을 말해준다. 그래서 동서고금을 막론하고 말을 잘하는 사람이 인재가 많다.

중국의 철학자 공자는 "바탕과 겉모습이 조화를 이루어야 군자답다"라고 말했다. 이는 <교언영색(巧言令色)>으로 '번드르르한 말과 꾸미는 얼굴 빛을 한 사람은 인(仁)이 드물다'는 의미이다.

다산 정약용 선생이 쓴 <목민심서>에는 "아첨을 잘하는 자는 충성스럽지 못하고, 간언을 잘하는 자는 배신하지 않는다"라고 하였다. 그러므로 간신들의 귀에 달콤한 말을 가려서 들을 수 있어야 한다. 달콤한 말은 귀를 막고 눈을 흐리게 한다.

따라서 누구든 비판하기 전에, 스스로에게 다음의 세 가지 질문을 해보라.

첫째, 이 비판적 말을 하는 것에 대해, 내 자신이 어떻게 느끼고 있는가?

그렇게 함으로써 어떤 즐거움을 느끼는가?

둘째는, 내 비판은 어떻게 고쳐나가라고 방향 제시를 분명히 말해 주고 있는가?

셋째는, 내 말들이 위협감을 주지 않고 편안하게 느끼게 해 주는가?

중세기 유대 철학자이며 랍비인 모세 마이모나이즈는 이런 말을 했다. "그 잘못을 저지른 이에게 친절하고 부드럽게 말하라."

그래서 유대인 탈무드에는 남을 특히 대중 앞에서 모욕을 주는 것을 사람이 할 수 있는 가장 잔혹한 일들 중 하나로 들고 있다. 비판하려고 할 때 다음의 탈무드 이야기를 기억해 주기 바란다.

"어떤 사람의 가족 중에 목매달아 죽은 이가 있다면 그에게 '이 생선을 매달아 주셨으면 합니다'라고 말하지 마라. 왜냐하면 그러한 발언으로 인해 그 아픈 기억을 되살리게 되고 또 그 자리에 있는 다른 사람에게도 부끄러운 일을 상기시켜 주기 때문이다."

그러므로 화가 났을 때는 먼저 생각을 하고 난 후에 말해야 한다. 만약 험담이나 비판을 하게 된다면, 거기에 소요되는 시간을 엄격히 제한하고, 그 한 사람에게만 국한해서 말하도록 하라. 사람들과의 관계에 단절을 가져오게 한다는 것을 말이다. 누구든 홧김에 한 말로 인해 친분 관계에 금이 갈 수 있음을 잊지 말라.

그래서 우리는 평생 말공부를 중단해서는 안 된다.

말의 신묘한 힘

어느 작은 마을에 한 청년이 마을 사람들에게 랍비를 중상 모략하는 소문을 퍼뜨리며 다녔다. 그러던 어느 날, 갑작스레 복받치는 후회감에 그 청년은 랍비께 용서를 구하면서, "죄를 사하기 위해서는 어떤 벌도 달게 받겠습니다"라고 빌었다.

랍비는 그 청년에게 새의 깃털로 속을 넣은 베개를 가지고 와, 안에 있는 깃털들을 바람에 날려 보내고 다시 찾아오라고 일렀다. 그 청년은 시킨 대로 한 다음 랍비에게 달려와서는, "이제 제 죄가 씻겼습니까?"하고 물었다. "거의 다 되었네."라고 대답한 후 랍비는 "자네가 해야 할 일이 한 가지 더 남았네. 가서 그 깃털들을 모두 주워 오게."라고 말했다. "하지만 그건 불가능한데요. 이미 바람에 다 날려 보냈는데요."하고 청년은 난색을 표했다.

"바로 그렇지."하고 랍비는 대답했다.

"이미 저지른 일은 나중에 아무리 고치고 싶다고 해도 자네의 말 한마디가 끼친 피해를 회복시킨다는 건, 이미 날아가 버린 깃털들을 다시 주워 모으는 일만큼이나 불가능한 거라네."

남을 중상모략을 일삼는 일을 하지 말아야 한다. 말의 효력이 얼마나 중요한지를 알 수 있는 가르침이다.

내가 자주 인용하는 얘기다.

평범한 학생의 인생을 말 한마디가 바꾸었다.

한 여학생이 집에서는 엄마로부터 '바보'라는 소리를 들으며 자랐고, 오빠로부터는 '뚱보'라는 말을 들었다. 학교에서는 뭐 하나 특별하지 못하는 아주 평범한 학생이었다. 그런데 5학년이 되자 새로운 담임 선생님이 그 학생에게 미화부장을 시켜주었고, 교실 환경정리를 위해 방과 후 교실에 남아 있을 때, 선생님은 "너는 눈이 초롱초롱하다, 똑똑하다, 내가 첫 눈에 알아봤다." 등의 격려의 말을 해 주었다. 그 말을 듣고 마음을 새롭게 한 그 학생은 집에서 예습 복습을 열심히 하여 6학년부터는 전교 1등을 시작으로 대학에서까지 수석 졸업생이 되었다고 한다.

선생님의 말 한마디가 한 평범한 학생의 인생을 바꾼 것이다.

나는 이 이야기에서 큰 깨달음을 발견했다.

말 한 마디가 인생을 좌우한다는 것을 말이다.

미국의 작가이자 강연가 데일 카네기는 다음과 같은 말을 하였다.

"이제 우리는 아주 쉽게 이 세상의 행복수치를 증가시킬 수 있다. 어떻게 그렇게 살 수 있느냐면, 외롭거나 용기를 잃은 누군가에게 진심으로 존중하는 몇 마디의 말을 건네는 것, 그것으로 충분하다."

그렇다.

말은 감정을 만들어낼 뿐 아니라 행동을 만들어내기도 한다.

말 잘하는 특별한 비결

칼로 찌름 같이 함부로 말하는 자가 있거니와

지혜로운 자의 혀는 양약과 같으니라.

_ 잠언 12:18

말 배우기 연습

내가 말공부 중에서 오랫동안 기억되는 말이다.

"일 잘하는 사람보다 말 잘하는 사람이 이긴다."

능한 설득력과 말솜씨를 갖추었는데 연봉과 매출이 오르지 않았던 경우를 보지 못했다. 많은 사람들이 말하는 법을 배워 인생이 바뀌었다.

여기 절대 다투지 않고도 적을 내 편으로 만드는 대화법의 명수이며 일류 역사상 가장 위대한 민족이라 불리는 유대인들, 그들의 말에는 위대함을 만드는 언품(言品)의 비밀이 있다. 유대인은 5분 내에 끝낼 수 있는 말이 아니라면 아예 말하지 않는다고 한다. 즉 무엇이든 간단명료하게 핵심만 이야기하라는 것이다.

많은 사람들은 부자가 되기를 원하고 상대의 마음을 얻고 싶어 한다. 그런데 마음을 얻는 대화의 기술은 배우려하지 않는다. '한 사람의 마음을 얻는다는 건 하나의 우주를 얻는 일이다'라는 말이 있듯이 사람의 마음을 얻는 것은 어려운 일이다. 그러므로 반드시 꾸준한 말 배우기 연습과 훈련이 필요하다.

일 잘하는 사람보다 말 잘하는 사람이 이기기 때문이다.

유머 센스와 위트

유대인들은 공부나 돈 버는 것을 놀이처럼 즐긴다.

한국 부모들도 아이와 함께 놀이 학습을 하지만, 유대인 부모들의 학습 놀이와는 많은 차이가 있다. 그들은 학습에조차 항상 놀이와 질문이 따라다닌다. 부모와 끊임없이 대화를 나눔으로써 가장 효과적인 교육을 실시한다.

하버드대의 연구 결과, 하루에 70분 정도 부모와 질 높은 상호작용을 하는 아이는 그렇지 않은 아이보다 성공적인 삶을 영위한다고 한다. 부모와 상호작용 중에 가장 중요한 것은 부모와의 대화이다. 이는 아이의 감정적인 교류에 기초하기 때문이다. 그리고 유대인 부모는 자란 아이들에게는 좀 더 진화된 형태의 소통을 한다. 그것은 바로 유머와 수수께끼이다.

유대인은 오래전부터 유머나 수수께끼를 '머리를 날카롭게 갈 수 있는 숫돌'이라 여겼다. <탈무드>에는 수수께끼로 표현된 지혜들이 많이 있다.

수수께끼는 창의력과 사고력을 키우는 좋은 방법 중 하나이다. 이를 익히면서 자연스럽게 어휘력, 표현력, 상상력이 풍부해진다. 또한 재치와 위트있는 사람으로 자란다. 그래서 유대인은 사회적으로 성공하거나 높은 자리에 오를수록 더욱더 유머를 중요하게 생각한다. 유머는 지성의 꽃이며 가장 강력한 힘으로 작용한다고 믿기 때문이다. 물론 한마디 말로 대중의 마음을 사로잡기 위해서는 그만큼 폭넓은 상상력과 순간적인 기지가 필요하다.

그러나 유머는 단기간에 익힐 수 있는 능력이 아니다.

<유머> "다이어트"를 순수 우리말로 옮기면 무엇인가?
 * 답: '내일부터'

한마디 말

탈무드에 보면 "말을 부드럽게 하면 사람을 살리고 약하게 하면 사람을 죽인다."라고 하였다. 이처럼 내가 쓰는 말, 한마디 말, 즉 같은 말이라도 누가 말하느냐, 어떻게 말하느냐에 따라 다르다. 또 어디서 말하느냐에 따라 전해지는 의미가 모두 다르다.

우리의 속담에도 '말 한마디로 천냥 빚을 갚는다.' '가는 말이 고와야 오는 말이 곱다.' '세 치도 안 되는 혀가 사람을 죽이기도 하고 살리기도 한다.' 등 동서양을 막론하고 말의 중요성을 강조하는 격언들이 많다. 이 보다 더 위대한 격언이 또 있을까. '중구삭금(衆口鑠金)'이라는 성어가 있다. 이는 "여러 사람이 입을 맞추면 쇠도 녹일 수 있다"는 뜻이다. 즉 여러 사람이 이구동성으로 말하면 언어의 위력은 더욱 강도가 세 진다.

어느 날 한 제자가 이렇게 인사를 건네왔다.
"교수님의 매력은 언제나 웃는 얼굴이에요, 아세요?"
그 날도 바쁘고 피곤한 하루였지만 그 말을 듣고는 조금도 피곤한 줄 몰랐다. 이처럼 격려의 말은 큰 힘이 된다. 말이 얼마나 중요한 것인지 새삼 다시 확인했다.

우리는 위로와 격려의 말을 통해 사람들을 행복하게 해줄 수 있는

데도 불구하고, 그렇지 못한 경우가 더 많다. 최근에 나는 한 기업인 대표와 함께 많은 시간을 보낼 수 있는 기회가 있었다. 그 대표님을 지켜보면서 나는 그녀가 격려의 성품을 갖고 있음을 확인할 수 있었다.

"당신은 참으로 창의력이 뛰어나세요. 어떻게 하면 그런 걸 생각해 나눌 수 있어요" 또 시간이 지난 후 "참 근사한 아이디어인데요! 제가 좀 배웠으면 좋겠어요." 또 시간이 지나서, "좋은 내용과 정보를 주셔서 감사드립니다."

그 대표님으로부터 격려와 칭찬의 말이 자연스럽게 흘러 나왔다. 그 격려와 칭찬에는 꾸밈이나 가식이 없었다. 자연스럽게 그의 몸에 배어 있었다.

이스라엘 왕 솔로몬도 "죽고 사는 것이 혀의 권세에 달렸나니(잠언 18:21)"라고 말했다. 사람의 혀는 살리기도 하고 죽이기도 하는 힘을 지니고 있다. 이제 우리의 혀를 잘 제어하려면 다른 사람을 격려하고 위로하는 말을 하며 사랑의 토대로 말을 해야 한다. 말은 놀라운 기적을 만들기 때문이다.

펜실베이니아대학교 부총장 유대인 에제키엘 이매뉴얼은 이렇게 말했다.

"누군가 자기 생각을 말할 때 고개만 끄덕이거나 미소 짓는 것은 우리 집에선 오히려 모욕이다."

다음은 미국의 성공학 강연자 스티브 챈들러의 '성공을 가로막는

13가지 거짓말'이다.

1. '하고 싶지만 시간이 없어.'

2. '인맥이 있어야 뭘 하지.'

3. '이 나이에 뭘 하겠어.'

4. '왜 나한테만 이런 걱정이 자꾸 생기는지 몰라.'

5. '이런 것도 못하다니 나는 실패자야.'

6. '사실 나는 용기가 없어.'

7. '사람들이 날 화나게 해.'

8. '이건 내 습관이야 냅 둬.'

9. '이건 내가 할 수 있는 능력 밖이야.'

10. '맨 정신으로 그걸 어떻게 해.'

11. '가만히 있으면 중간이라도 가.'

12. '나 원래 이래.'

13. '상황이 협조를 안 해 줘.'

메주자(Mezuzah)

'메주자'란 원래 '문설주'라는 뜻이다. 유대인들이 그들의 집의 문기둥에 붙이던 증서 조각들을 담고 있는 작은 상자를 말한다. 하나님의 명령으로 삼고 통에 넣어 문설주에 붙이고 또 말씀을 넣은 작은 상자를 가죽 끈으로 묶어 우리 미간(이마)과 팔과 손목에 붙이고 다닌다. 그 증서에는 슈마의 첫 두 단락이 적혀 있다. 모든 메주자는 어떤 특정한 형식을 가지고 있으며 모두 비슷하다.

그러나 그 상자의 형태가 어떠하든지 간에 모든 메주자는 한 증서를 담고 있다. 그리고 그 증서에는 슈마와 Humash의 일체를 담고 있는 22줄의 히브리어가 율법학자들에 의해 손수 쓰여 담겨있다. 그리고 그것들은 하나님을 사랑하고, 그의 율법을 가르치고, 문기둥에 하나님의 말씀을 붙이는 일을 어떻게 해야 하는지를 가르쳐 주고 있다.

고대 사람들은, 메주자로 표시가 되어 있는 집들은 모두 하나님께서 지켜 주실 것이라고 믿고 있었다. 그리고 오늘날의 메주자는, 다른 모든 사람들에게 그 집에는 충성스런 유대인이 살고 있다는 것을 알게 해주는 중요한 수단이 되고 있다(신명기 6장 9절에서는 [네 집 문설주와 비깥 문에 기록하라]고 당부하신다).

08

돈을 잘 버는
지혜머리

수치에 밝은 유대인

다른 사람보다 뛰어난 사람은 정말 뛰어나다고 할 수 없다.

이전의 자기보다 뛰어난 사람을 정말 뛰어난 사람이라고 할 수 있다.

_ 탈무드 격언

유대인 교육의 핵심은 얼마나 많은 지식을 알고 있는가가 아니다. 어느 명문대학교에서 공부했는가에 있지 않다. 그들에겐 논쟁과 대화를 통해 각자 차별화된 개성적 사고법을 갖추는 데에 있다. 결국 자신만의 능력을 발휘하는 것이다.

어쩌면 유대인 성공비결은 다음의 전통에 치밀하게 녹아 있다.

유대인들은 13세가 되면 '바르 미츠바'라는 성인식을 거행한다. 부모를 비롯해 친척과 지인들이 모두 참석한다. 이때 토라와 손목시계를 선물로 받고 축의금(약 3천만 원)을 받는다. 당연히 받은 토라(율법)는 종교적으로 신실한 사람이 되라는 의미이다. 그리고 손목시계는 시간의 중요성을 항상 새기며 살라는 뜻이다. 그런데 가장 의미가 있는 것은 축의금이다. 이 돈은 학업을 다 마칠 때까지 적립해 두거나 펀드를 통해 운용한다.

이 과정에서 경제개념이 생기고 부풀어진 상당한 금액의 큰돈을 얻게 된다. 그런데 이 보다 더 중요한 것은 돈은 버는 것이 아니라 불리는 것이며 돈을 쓰거나 낭비하지 않는 경제교육을 가르쳐 배우게 된다.

이처럼 일찍이 경제 개념을 경험시키는 것이 유대인의 위대한 우수성이며 금융을 간파할 수 있는 능력이 되었다.

계산이 빠른 사람

누구나 돈을 잘 벌고 상술이 좋은 사람을 닮고 싶어 한다.

만약 한 조각의 지혜와 한 냥의 금화 가운데 어느 한쪽을 선택하겠느냐고 물으면 대부분의 사람은 한 치의 망설임 없이 금화를 택한다.

그런데 유대인들의 상술과 처세술은 지혜를 택하라고 가르친다. 곧바로 부자의 영역에 발을 내딛게 될 것이다.

부의 자원인 지혜의 중요성을 모르는 사람은 거의 없다. 문제는 창의적으로 생각하지도 않고 남과 다른 관점을 갖지 않으며 수치에 밝지 않다.

한번은 유대인 아인슈타인에게 물었다.

"당신은 어떻게 천재가 되었냐?"고.

그는 이렇게 대답했다.

"나는 특별한 재능은 없지만, 단 한 가지 열렬한 호기심이 남다를 뿐입니다."

역사를 보건대 남보다 빨리 앞서서 정보를 파악하고 트렌드를 간파한 자가 항상 많은 돈을 갖거나 보다 높은 위치에 오른다.

유대인 사회에서 발언권을 보면 젊은 사람부터 순서대로 발언권을 준다. 젊기 때문에 더욱 기발한 아이디어나 새로운 접근 방법을 도출할 수 있다. 젊은 생각을 차단한다면 더 이상의 발전도 없다고 생각하기 때문이다.

유대인계 세계적 부자 빌 게이츠가 1998년 마이크로소프트사 CEO 자리를 물려주고 은퇴했다. 그는 인터뷰에서 "앞으로 라이벌이 누구냐?"는 질문에 이렇게 답했다.

"어딘가의 차고에서 작은 회사를 세우고 무엇인가를 만들어 내려고 하는 젊은이들이다."

바로 그해 1998년 가을, 스탠퍼드대학교 대학원생 래리 페이지와 세르게이 브린은 한 주택의 차고가 있는 창고에서 구글이라는 작은 회사를 창업했다. 그리고 얼마 후 그들이 만든 구글은 세계 1위 기업이 되었다. 래리 페이지와 세르게이 브린은 유대인 청년들이었다.

탈무드는 우리에게 희망을 준다.

유대인 세계 최고의 인물들이 탈무드로 만들어졌기 때문이다. 우리도 얼마든지 유대인들처럼 각자의 분야에서 1등, 남과 다른 가치를 이룰 수 있다.

탈무드에는 직접적으로 돈을 경멸하지 않는다.

처세술에는 오래된 법칙이 있는데, 현대사회에서도 부자가 되는데 수월하다. 바로 수치에 밝다는 것이다. 유대인은 어려서부터 돈의 소중함과 경제 원리를 배운다.

장사꾼이 숫자에 밝아야 한다는 것은 당연하다.

그들은 "오늘 날씨 어때요?" "오늘 미세먼지 어때요?"라는 표현에 보통은 "아주 덥다, 안 춥다" "좋음, 나쁨, 보통"으로 표현하다. 그런데 유대인들은 모두 숫자로 표시한다. 이를테면 "오늘은 뜨거운 42.5도야!" "오늘 미세먼지가 서울 전체지수 22이고 강남구 대치2동은 통합지수 15마이크로그램 퍼 제곱미터($\mu g/m^2$)이야!"

생활 속에서 숫자에 익숙해지고 수치에 밝으면 부자가 될 기회가 더 많아진다. 그래서 유대인들은 가방 안에 계산기를 가지고 다닌다.

그들의 처세술은 하자가 없다.

유대인 5천 년의 역사가 증명해 주고 있기 때문이다.

매우 시끌벅적한 문화

유대인 어머니는 자녀가 잘 때 머리맡에서 책을 읽어주거나 지혜로운 이야기를 들려준다. 이는 자녀가 독서를 통해 관심을 갖고, 어휘 능력이 향상되도록 돕고자 함이다. 그래서인지 유대인들의 교육현장은 늘 매우 시끌벅적하다. 그들에게 배울 점이 많지만, 가장 본받아야 할 점은 실천하기 위해서 배운다는 것이다. 그리고 교육현장에서 가장 많이 쓰이는 말은 바로 "마따 호쉐프"이다. 이 의미는 "네 생각은 어떠니?" "왜 그렇게 생각하니?" 영어로 하면 'What do you think?'이다.

국가 IQ 평균 106인 우리나라보다 떨어지는 이스라엘 국가는 IQ가 94점이다. 그런데 유대인들은 독서, 글쓰기, 토론, 대화 등에는 월등히 우리보다도 뛰어나다. 실제로 미국의 변호사 중에 유대인들은 승소율이 높기로 유명하다.

이는 창의적으로 생각하고 다르게 질문하고 행동으로 드러내기 때문이다.

창의적 사회를 만들고자 한다면 생각하는 힘을 키워야 한다. 어떻게 생각의 힘을 키우느냐면 중국 철학자 맹자의 말처럼 '그가 했다면 나도 할 수 있는 것이다.' 즉 남과 다른 생각을 갖고 집중해야 한다. 토론으로 시끌벅쩍해야 한다. 그리고 다름을 인정하고 상상력을 길러주어 창의적인 삶을 발휘하도록 장을 마련해 주어야 한다.

우리 사회가 속히 젊은이들의 재능과 개성을 크게 살려주는 교육 환경이 되어야 할 것이다.

쏠리는 현상

유대인 속담 중에 멋진 말이 있다.

"모두가 한쪽으로 쏠리면 세계가 전복된다."

우리의 경향을 보면 무엇이 잘 되어 돈이 된다고 하면 창의적 아이디어는 관계없이 너도나도 그곳에 몰려든다. 그래서인지 몰라도 여전히 대학생들의 희망직업 1위는 공무원이고, 미래를 위해 가장 많은 사람들이 취득한 자격은 부동산 중개사라고 한다. 그런데 현실은 청년 대다수가 일자리를 잡지 못하고, 창업이나 새로운 것에 도전하지 않는다. 그 좋은 머리와 패기로, 어느 한 곳으로만 온 청년들이 쏠리는 현상이 문제이다.

개인 각자의 차별화된 개성과 능력에 집중하고 필요시 깊이 파고드는 창의적 태도가 부족한듯 하다.

요즘 캥거루족이 늘고 있다. 캥거루족이란 자립할 나이인데도 부모의 경제적 도움을 의존하며 하루하루 버티는 사람을 의미하는 말이다. 그리하여 필자는 유대인들 삶의 슬로건인 "실천하기 위해서 배운다"라는 말을 참 좋아한다.

누구든 열정만 있다면 새로운 부의 영역에 도전할 필요가 있다. 캥거루족으로 하루하루 버티는 삶이 되어서는 안 된다. 앞으로 주어질 기회를 준비하여 제2의 창업에 도전해 보자.

성공하려면 너무 획일화되기 보다는 창의성을 바탕에 둔 차별화, 개성화가 더 중요하다. 유대인 경쟁과 우리 경쟁 개념이 사뭇 다른 것 같다. 그들은 온갖 수단과 방법을 가리지 않고 이기는 것이 아니라 남과 다르고 차별화된 것에 초점을 둔다. 그래서 유대인은 고정된 사고를 갖고 있지 않다.

철저하게 기존의 틀을 깨고 나름의 창의적 대답을 한다.

그들의 경쟁력 개념을 보면 성공한 후에도, 목표를 이룬 다음에도 여전히 학습하고 새로운 것을 배우고 독서를 한다.

다 그런 것은 아니지만 보통은 수능이 끝나고 원하는 대학에 들어가면 취업과 자격증 준비로 거의 독서를 하지 못한다. 사실 대학을 위해 암기식으로 공부했다면 이제는 창의적으로 생각하는 천재머리를 사용해야 한다.

유대인의 뛰어난 상술

행복한 생활을 위해서는 이기주의와 이타주의 둘 다 필요하다.

양쪽 모두 윤리적 동기가 된다.

이 두 가지가 균형을 이룰 때 올바른 삶을 영위할 수 있다.

_ 허버트 사무엘

진짜 장사꾼

나는 '유대인'이라면 곧바로 '지혜'가 머리에 떠오른다.

여전히 유대인은 각 분야에서 눈부신 활약을 하고 있다.

유대인들은 특히 돈, 비즈니스, 학문에 관해서는 신이 도움을 주지 않는다고 믿는다. 그들은 스스로의 힘으로 인생을 개척해나가는 것을 의무로 여긴다. 그저 대충 하는 노력이 아니라 누구보다 최선을 다한다.

뉴욕은 유대인 사회의 중심이 되었다.

오늘날 세계의 경제수도로 발전한 뉴욕 시는 유대인에 의해 시작되었다. 1654년 미국의 대서양 연안에 있는 뉴 암스테르담(뉴욕)에 23명의 유대인이 도착했다. 이 23명은 모두가 가난하여 여객선의 요금을 지불할 수 없었다. 이들 일행들은 자신들도 가난했음에도 불구하고 가지고 있던 짐을 모두 팔아서 가까스로 일행의 요금을 치렀다고 한다. 그러나 그 다음해 맨해튼 섬의 외벽을 쌓기 위하여 시민들로부터 모금운동을 했을 때, 이 23명 중 다섯 사람이 엄청 큰돈을 기부했다. 이곳이 바로 월가(家)가 되었다.

이처럼 유대인들은 뉴욕의 발전과 더불어 월가(家)를 크게 공헌했다.

유대인의 성공 비법들이 여러가지 있지만 생활 속에 묻어있는 지혜는 바로 숫자와 계산이 매우 빠르다는 것이다. 수치에 밝기 때문에 유리하게 선점한다. 또 그들의 법칙을 보면 80대 20의 법칙이 흐르고 있다.

세상에는 돈을 빌려 주려는 사람과 빌려 쓰려는 사람이 있는데, 그

중에 단연코 어느 사람이 많을까? 유대인식 답으로 말하면 세상은 빌려 주려는 사람이 78%이다. 이 수치에서도 알 수 있듯이 그들은 수치에 매우 밝다.

사업가든 장사꾼이든 부자가 되려면 숫자에 밝아야 한다.

유대인 상술 법칙에 보면 돈을 벌려면, 제1의 상품으로 여성용 용품이고 제2의 상품으로 먹을거리를 대상으로 하는 장사라고 한다. 일찍이 돈을 쓰는 것은 여자라는 것을 알고 있기 때문이다. 그리고 입으로 들어가는 음식을 다루는 장사가 큰 벌이가 된다는 것을 알고 있었다.

백화점을 키워온 주도세력도 유대인이었고 과거 다이아몬드 원석을 100% 장악하고 있었다. 요즘도 유대인들은 석유, 다이아몬드, 금, 우라늄, 레저산업, 백화점 등의 분야에서 여전히 위력을 발휘하고 있다.

그리고 유대인은 상담 자리나 만남에서 항상 싱글벙글 웃는다. 시작에서부터 좋은 인상을 주기 위함이다. 그러나 실질적인 비즈니스 계약에 들어가면 대충이란 결코 용납되지 않는다.

그래서 유대인들은 진짜 장사꾼이다.

시간관리 중요성

유대인 사회에서 문맹인이 한 사람도 없다. 그들은 높은 교육 수준을 갖고 있으며, 비즈니스를 교육 수준이 낮고 지적인 능력이 부족한 사람은 할 수 없다.

제4차 산업혁명 시대는 앞선 지식과 지혜가 자산이 되는 사회를 의미한다. 그 대표적인 인물이 마크 저커버그이다. 그는 19살에 페이스북을 창업했다.

유대인들은 여러 분야에서 새로운 창조적 아이디어를 창출해낸다. 그 이유 역시 질문과 토론, 독서, 창의적 생각을 실천했기 때문이다.

그들은 정치, 경제, 사회, 역사, 예술 등 거의 모든 분야에 걸쳐 아주 풍부한 지식을 가지고 있다. 유대인이 성공할 수밖에 없는 또 하나의 요인은 얕은 지식이 아니라 해박하다는 것이다. 그 결과 그들은 많은 부(富)를 다스리고 있다.

시간관리의 중요성을 알고 있던 페이스북 창업주 마크 저커버그가 살던 아파트에 가면 메모가 빽빽이 적힌 포스트잇을 발견할 수 있으며 거기에는 향후 비전이 구체적으로 적혀있다. 그리고 하루 실천해야 할 일들이 메모되어있었다고 한다.

그래서 유대인의 좋은 태도 중 하나가 어떤 만남이든 반드시 메모를 한다. 이러한 태도가 비즈니스에도 그대로 영향을 주기 때문이다.

유대인들은 혹 메모지가 없으면 포장지 뒷면에 메모를 한다. 또 시간을 황금처럼 소중하게 여긴다.

유대인 상술의 격언에 보면 "시간을 훔치지 말라"는 말이 있다. 이 말은 단 1분 1초라도 남의 시간을 도적질해서는 안 된다는 경고의 말이다. 즉 약속 시간을 지키지 못하거나 늦는 것은 다른 사람의 시간을 도적질하는 것과 같은 것으로 보기 때문이다.

기억하라, 유대인에게 있어 시간은 돈이다.

그들의 성공 비밀은 탁월한 시간관리에 있었다. 갑부 기업인 빌 게이츠는 "시간 계획을 철저하게 수립하는 것이 시간을 관리하는 중요한 정책이다"라고 말했다. 시간 계획을 잘 세우는 것이 바로 효율적인 시간관리의 첫걸음이다. 그러므로 주간계획, 월간계획, 연간계획을 세우는 것이 매우 중요하다.

시간을 소중히 여기는 것은 삶을 소중히 여기는 것이다. 24시간을 어떻게 효율적으로 관리하느냐에 따라 성공이 결정된다.

시간은 돈보다 더 소중한 것이기 때문이다.

희소가치

무엇을 얻기 위해서는 반드시 잃는 것이 있다. 즉 고통 없이 얻어지는 것은 없다(No pain, no gain). 쉽게 요행으로 성공할 수 없다. 유대인들의 대원칙은 버리는 고통이 제일 먼저다. 버리지 않으면 길이 열리지 않는다.

삶의 목적은 무엇일까, 무엇 때문에 일하고 돈을 벌까?

보통은 돈을 많이 버는 것, 건강하고 부자가 되는 것. 지극히 명답이 될 수 있다. 그렇다면 위 물음을 유대인들은 어떻게 대답했을까?

"맛있는 음식을 마음껏 먹는 데 있다." 즉 인간은 먹기 위해 일한다는 것이다. 절대 엉뚱한 대답이 아니다. 당신은 인생을 즐기기 위해 일하고 돈을 버는가? 그래서 유대인들의 인생관은 매력적이다.

그들은 매주 화려하고 멋진 정장을 잘 차려 입고, 최고의 접대로 최고급 레스토랑에서 우아하고 근사한 식사를 즐기는 삶을 실천한다. 그 정성스럽게 차려진 식사 장소에 누구를 초대할까? 바로 사랑하는 가족이다.

귀한 아내와 자녀를 초대하고 소중한 친구를 초대한다. 그리고는 그 식사 때 사업 이야기나 자녀들에게 공부 얘기는 금물이다. 정치 얘기도 하지 않는다.

충분한 시간을 보내며 식사를 즐기면서 인문학적 해박한 지식을 구사하고 인문 미술을 나누거나 여행 이야기를 나눈다.

유대인의 신용

유대인의 건강법을 보면 돈을 아끼지 않고 먹고 싶은 것을 마음 것 먹는다. 즉 건강을 챙기는 음식, 그리고 마음의 건강을 위해 독서와 대화, 그리고 좋은 사람들과의 만남을 즐긴다. 이러한 방법으로 건강을 유지하는 사람들이 유대인들이다.

그런가하면 유대인들은 한번 입으로 뱉은 약속은 지키므로 신용을 중시한다. 그래서 만일 계약을 지키지 않는 유대인이 있다면 그는 유대인 사회에서 매장되고 만다.

탈무드에 다음과 같은 말이 씌어 있다.

인간이 죽어서 천국에 가면 먼저 천국 문에서 묻는 말이 있는데, "너는 장사를 정직하게 했느냐?"라는 것이다. 매우 흥미 있는 질문이다. 유대인들은 어느 비즈니스에서든 정직을 최고의 가치로 둔다. 마치 정직을 생명처럼 여긴다.

유대인들은 자신이 좋아하지 않는 것을 판다고 한다.

그 이유는, 진짜 상인은 좋아하지 않는 것을 팔아야 한다. 자기가 싫어하는 것이니 어떻게 하면 팔 수 있을까를 열심히 연구하고 생각하기 때문이다. 자기의 약점이 무엇인지를 정확히 알고 있다. 그래서 유대인 최대의 무기가 포기하지 않는 인내력이다.

예를 들어, 하나 남은 가게가 불타버리면 좌절하기보다는 다른 곳에 가게를 차린다. 경영하고 있는 기업이 몰수당하면 다른 곳에 가서 새로운 사업을 개설하여 더 크게 사업을 확대해 나간다.

이는 불굴의 창업정신을 가지고 있기 때문에 가능한 것이다.

전통 모자 _키파(Kippah)

유대인 전통 키파(Kippah)은 하나님의 민족을 드러내기 위해 스스로 특유의 모자를 쓴다. 유대인 남성들은 전통적으로 탈릿(기도 쇼울)과 테필린(성구함 - 아침 기도 시간 동안 두른다)을 두르고, 키파(테두리 없는 모자)를 쓴다.

영어 단어 '캡'의 유래로 보이는 '키파'는 또한 히브리어 카파라(속죄)와 연관되어 있다. 상징적으로 키파를 쓰는 것은 '나는 속죄로 덧입혀졌습니다'를 의미하는 것이다.(출28:4)

그래서 버락 오바마 대통령이 유대인 최고 성지인 이스라엘 예루살렘의 '통곡의 벽'에 방문 했을 때 키파를 쓰고 기도하였다. 머리에 쓴 '키파'는 하늘의 신에게 맨머리를 보여선 안 된다고 믿는 탈무드 전통에 따른 것이다.

09

유대인의
말하기 예찬론

다시, 말하는 법 배우기

교사는 혼자만 알고 떠들어서는 안 된다.

교사와 학생이 주고받는 말이 많을수록 교육 효과는 상승한다.

_탈무드

지금 쓰는 말

사람은 누구에게나 좋은 점도 있고 부족한 점도 있다.

"봉우리가 높으면 골이 깊다"는 말처럼, 누구든 장점과 단점을 갖고 있다. 또 사람에게는 다양한 품격이 있듯 말에는 위력이 있다.

지금 사용하는 말은 우리를 온전하게 만들기도 하고 파멸로 이끌 수도 있다. 또한 말은 병을 낫게도 하고 파멸시키기도 한다. 아울러 건강하고 행복한 삶으로 이끌어 갈 수도 있다.

그래서 나는 누군가가 내게 몸이 어떠냐고 물으면 "최고로 좋습니다" "하는 일마다 잘 됩니다"라고 답한다.

말의 위력 즉 말한 것은 그대로 이루어지기 때문이다. 그러므로 지금 나의 삶은 내 말의 산물이다. 쓴 말은 온 종일 내게 남아 함께 한다.

"말이 씨가 된다."

"나는 한 마디의 칭찬으로 두 달을 기쁘게 살 수 있다."

칭찬과 격려의 말은 보약이나 다름없다는 의미이다. 그렇다면 상대에게는 용기와 자신감을 심어주고, 기분을 북돋는 말씨를 실제의 삶에 적용해 보자.

평상시 "사랑합니다" "감사합니다" "고맙습니다"라는 표현에 익숙해지려면, 먼저 감사하는 마음상태를 지녀야 한다. 이는 히브리어로 '하카랏 하토브'는 글자 그대로 '남이 당신에게 베풀어준 고마움을 인식하게 됨'을 뜻한다. 그러한 고마운 감정은 때로 간단히 두루 날마다 표현되어야 한다.

유대 전통에서는 매일 하나님께 백 번의 감사를 드리도록 규정하고 있다고 한다. 혹시 백 번의 감사는 너무 많다고 생각할지도 모르나, 감사하는 것이 습관이 된 사람에게는 그리 문제가 되지 않는다.

그리스 속담에 보면 "고맙다는 인사는 빨리 할수록 좋다"라고 말한다.

아낌없이 즉시 감사하고 고마움을 인정해주면 좋은 반응으로 되돌아온다. 고마운 마음은 평상시에 쉽게 하는 말이지, 특정한 상황에 그리 장엄하게 하는 말이 아니다. 하루에도 수십 번씩이라도 사람들에게 고맙다는 말을 한다. 어떤 말을 하든지 끝에는 '고맙습니다' '감사합니다'는 말을 붙인다. "감사합니다. 대리님" "고맙습니다. 선생님" "정말 감사했습니다."

한 조사에 의하면 많은 사람들은 가까운 사람일수록 '미안하다'는 말을 사용하는데 익숙하지 않다고 한다. 우리는 부족한 존재이기 때문에 자존심을 내려놓고 실수를 했을 때마다 '미안하다'는 말을 사용해야 한다.

고의든 타의든 간에 상처를 주었던 사람이 있다면 용기를 갖고 그 사람에게 진심으로 "미안해요"라고 말해 보자. 가장 좋은 것은 그 사람을 찾아가 "사과드립니다"라고 말해준다. 실로 행복한 삶을 누리고 싶다면 '나는 당신을 사랑해요' '정말 미안합니다' '감사합니다'라는 말을 얼마나 자주 하는가에 따라 결정된다.

그러므로 기회가 있을 때마다 진심으로 마음을 표현하자.

쓰는 말솜씨

사람은 하루에 많은 말을 하며 생활한다.

그런데 부정적인 말이 75퍼센트라고 한다. 그러니 같은 말이라도 어떤 단어를 선택하여 어떻게 조합하느냐에 따라 상황이 전혀 달라진다.

말에도 씨가 있어 '말씨'라고 하듯 그 사람이 쓰는 말씨를 보면 그의 미래를 예측할 수가 있다. 어제 뿌린 말의 씨앗이 오늘의 나를 만들고, 오늘 뿌린 말의 씨앗이 내일의 나를 만들기 때문이다. 사람들이 들었을 때 기분 좋은 말은 무엇인가?

언어를 크게 세 종류로 나눌 수 있다.

두뇌 언어, 신체 언어, 심리 언어이다. 강의를 하면서 자주 느끼는 것은 두뇌 언어를 따르는 사람들이 더 많다는 것이다. 그런데 신체 언어, 심리 언어도 존재한다는 사실을 확실하게 이해해야 한다.

신체 상태를 표현하는 말을 보면 "따끈따끈, 나른함, 서늘함, 가벼움, 욱신욱신, 무거움, 오슬오슬, 섬뜩섬뜩..."

이번에는 심리 상태를 나타내는 표현으로 "두근두근, 울렁울렁, 차분한, 무심, 초조, 술렁술렁" 등..

심리학자 데니스 리건은 "사람들은 호의를 받으면 어떤 식으로든지 호의를 되갚으려 한다"고 말했다. 대개는 호의를 받으면 그 호의를 능가하는 말로 되돌려준다. 이렇게 친구에게 적용해보자.

"너 요즘 더 예뻐졌다"고 칭찬해 주어보라. 그 칭찬을 되돌려 받게 될 것이다. 이는 받는 대로 되돌려준다는 심리적 원리이다.

유대인 탈무드에는 "남의 입에서 나오는 말보다도 자기의 입에서 나오는 말을 잘 들어라"는 말이 있다. 미국 링컨의 말은 짧지만 압권이다. "말은 힘이 있다." 그런가하면 <명심보감>에는 다음과 같이 실려 있다.

"입을 지키기를 병마개를 막듯이 하고, 생각 지키기를 성을 지키듯이 하라." "입과 혀는 재앙과 근심의 문이요, 몸을 죽게 하는 도끼이다."

이렇듯 말을 잘 씀으로써 상황과 분위기를 반전시키는 능력이 필요하다. 그래서 말을 잘 한다는 것은 그 상황에 맞는 말을 적절한 때에 할 수 있어야 한다는 의미이다.

중국 초나라 장왕이 여러 신하와 함께 잔치를 벌이고 있었다. 갑자기 등불이 꺼졌고 한 후궁이 소리쳤다.

"지금 불이 꺼진 틈에 어떤 자가 첩을 희롱했습니다. 제가 그 자의 갓끈을 끊어 가지고 있사오니, 왕이시어 등불이 켜지면 갓끈 끊어진 자를 찾아서 벌주십시오."

이 말이 떨어지자 장왕이 말했다.

"오늘 이 자리에 있는 모든 자는 갓끈을 끊어라. 만약 갓끈을 끊지 않는 자가 있다면 이 자리가 즐겁지 않다는 것으로 생각하겠노라."

이 말에 그 자리에 있던 신하들이 모두 갓끈을 끊었고, 그 후에 등불이 켜졌지만 흥겹게 이어갈 수 있었다. 이는 순간의 임기응변으로 슬기롭게 넘어간 것이다.

배려가 담긴 유대인의 말 5가지

1. 나약한 말투나 부정적 말을 쓰지 않는다.
2. 비판적인 말을 삼가고 칭찬을 많이 사용한다.
3. 불필요한 말을 자칫하면 오해를 불러일으킬 수 있다는 것을 알기에 꼭 필요한 말만 한다.
4. 상대방의 말에 일단 일리가 있음에 맞춘다. 일단 긍정한다.
5. 감정을 억제하고 이성적으로 말한다. 화가 난 상태에서는 말하지 않는다.

이기는 대화기술 배우기

진심으로 뉘우치는 자는 하나님 뜻에 어긋나게 행했던

어떠한 죄라도 용서된다.

_ 유대 격언

이기는 대화법

대화에서 상대의 마음을 끌지 못하고 분위기를 주도하지 못하는 것
은 자신의 생각을 명쾌하게 전달하지 못하고 있다는 의미이다. 이를
극복하기 위해서는 상대방의 이야기를 먼저 경청하여 제대로 듣고 핵
심을 읽을 수 있어야 한다. 그래야 명쾌하게 대답하거나 자신의 의견

을 전할 수 있다.

자기 생각을 분명하게 전달하는 스킬은 관계에서 매우 중요하다.

사람들은 모두 저마다 각기 개성을 가지고 있다.

자신의 개성을 잘 살려 대화하는 기술을 익혀야 한다. 우선 상대방의 이야기를 진지하게 경청하기 위해서는 훈련과 인내심이 필요하다. 경청하고 질문하는 기술로 먼저 상대방을 만났을 때 쉬운 화제부터 꺼낸다. 그런데 갑자기 상대방을 곤란하게 만드는 질문은 벽만 쌓게 할 뿐이다. 상대방이 내 말에 귀 기울이게 하기 위해서는 메시지 속에 가치와 이익, 배려를 담아야 한다. 즉 이기는 대화는 사전준비를 얼마나 철저히 하느냐에 달렸다는 것이다.

이기는 대화는 상대방의 말을 잘 들어준다. 그리고 상대가 계속하여 말하기 좋은 질문을 한다. 필히 단답형(YES, NO) 질문은 피하라. 이런 경우는 대화가 중단된다.

예를 들어 "삼성ABC 신형 냉장고를 구입 했나요?"

대신 과거의 경험이나 사실, 계획 등을 묻는 질문이 좋다. 계속하여 질문을 이어가면서 이끌어간다. 질문은 짧게 하되 상대방이 말하고 싶어 하는 주제로 파고 들어간다. 예를 들어보면,

"삼성ABC 신형 냉장고가 싸게 나왔다고 하는데 알고 있었나요?"

"가격도 싸고 성능과 디자인이 세련된 제품이라고 하던데요. 혹시

관심 있나요?"

"특별히 15일까지 50% 반값 이래요!"

그리고 부탁은 일방적 단도직입적으로 하되, 억지로 사정하는 느낌을 주거나 강요하는 느낌을 주지 않아야 한다. 대신 '무엇을' '언제까지' '왜' 부탁하는지 분명히 밝히고 상대의 결정을 기다린다.

쉽게 설명하자면 구체적으로 부탁의 말을 한다. 설령 상대방이 'NO'를 하여도 존중해야 한다. 때로는 부탁을 들어줌으로써 상대방이 얻을 수 있는 이익을 제시한다.

이러한 것들을 활용하면 이기는 대화를 할 수 있다.

내면의 언어 다스리기

모두 내면의 언어를 가지고 있다. 감정과 행동을 바꾸려면 반드시 내면의 언어를 다스린다. 내면의 언어는 우리 안에서 순간순간 서로 대립하며 두 개의 자아가 대화를 주고받는다.

우리가 마음속에서 주고받는 내면의 대화는 생각을 만들어내고 그 생각은 행위를 유발한다. 그런데 말을 얼마든지 바꿀 수 있다. 멋진 삶으로 바꾸고 싶다면 먼저 쓰는 말을 바꾸어야 한다.

작가인 버니 S. 시겔은 이렇게 말했다.

"신의 책상 위에는 이런 글이 씌어 있다. '네가 만일 불행하다는 말을 하고 다닌다면 불행이 정말 어떤 것인지 보여주겠다. 또한 네가 만일 행복하다고 말하며 다닌다면 행복이 정말 어떤 것인지 보여주겠다."(행복도 선택이다. 이민규, 더난출판 인용)

내면의 언어 바꾸기 3단계

1. 관찰하기 :

　잠시 하던 일을 멈추고 내면의 대화를 관찰한다.

2. 결과 생각하기 :

　나의 대화가 만들어낼 결과를 생각한다.

3. 바꿔보기 :

　긍정적인 결과를 만들어낼 수 있는 대화로 바꾼다.

예를 들어 어떤 사람은 사랑, 따뜻함, 칭찬, 격려 등 말만을 사용한다. 절대 긍정의 언어생활을 실천했다. 반면 다른 사람은 짜증, 욕. 차가움, 자기비하, 부정적인 말을 입에 달고 산다.

그 결과는 사람이 사용하는 언어가 그 사람의 삶을 결정한다.

프랑스의 고고학자이자 사상가인 테야르 드 샤르댕는 "유머는 기분이 아니라 세계관이다"라고 말했다. 위트와 부드러운 말은 경직한 상태를 유연하게 만든다.

누군가가 사업상 자리를 함께 했다고 가정해 보자. 공통의 화젯거리를 나누면 좋겠지만 그리 쉽지 않다. 이때 위험 부담이 적고 성공 가능성을 높이는 것이 바로 유머와 세련된 위트, 가벼운 농담을 곁들이면 긴장과 어색한 분위기가 화기애애하게 변화된다.

세계적 미래학자 대니얼 핑크가 "21세기에는 유머가 진정한 파워다"라고 말했다.

다음은 처음 만난 사람과도 나눌 수 있는 유머 카드다.

"들어오실 때 배우가 걸어오는 줄 알았답니다."

"제가 부장님 때문에 칭찬을 많이 받아요. 그래서 감사합니다."

"밖에서 뵈니까 참 좋네요. 우리 마치 여행 온 것 같지 않아요?"

실제로 영국의 윈스턴 처칠은 정적들과 치열하게 다투면서도 유머 감각과 품위를 잃지 않았다. 어느 날 반대 정파의 한 여성 정치인이 "내가 당신 아내라면 당신이 마시는 커피에 독약을 타겠어요"라고 공격했다. 그러자 처칠은 화를 내지 않고 대꾸했다.

"내가 당신 남편이라면 그 커피를 당장 마셔버릴 겁니다."

미국의 레이건 대통령은 유머로 인간미를 드러낸 인물이다. 1981년 정신 이상자의 총격을 받아 수술대에 누운 그는 부인을 바라보며 이렇게 너스레를 떨었다.

"여보, 미안해요. 내가 총알 피하는 걸 깜빡했어요."

이 한마디로 그의 지지율은 80%까지 치솟았다.

이듬해 지지율이 다시 하락하자, 염려하는 참모진들에게 레이건은 또 다시 농담을 건넸다.

"걱정들 하지 말게나. 다시 한 번 총에 맞으면 되니까."

이처럼 슬기로운 위트와 재치있는 농담은 성과를 올릴 수 있는 기회를 넓혀준다.

왕성한 호기심

사람의 미래는 재능에 의해서가 아니라 생생하게 그리는 꿈에 의해서 결정된다. 호텔 왕 콘래드 힐튼의 말이다.

"생생하게 그리면 온몸은 그 목적을 달성하는 방향으로 조절한다."

중국 삼국지에 보면 위나라의 조조가 군대를 이끌고 행군할 때의 일이다. 마실 물이 떨어지자 탈진한 병사들이 하나 둘 쓰러지기 시작했다. 이때 조조는 병사들에게 "조금만 더 가면 매실나무 숲이 있다. 매실 열매를 따 먹으면 목을 축일 수 있을 것이다"라고 격려했다.

이 말을 들은 병사들은 매실 열매를 먹는 상상을 했고, 그러자 저절로 입에 침이 고여 탈진을 막을 수 있었다고 한다.

사실 매실나무는 없었다. 그는 병사들의 상상을 이끌어 냈을 뿐이다.

1960년대에 미국 하버드대 연구진이 흥미로운 실험을 하나 진행했다.

지능이 떨어지는 학생 집단을 매우 우수한 집단이라고 교사에게 소개한 뒤 교육을 의뢰하고 성적 진행 상태를 살펴보았다. 그랬더니 교육 기간이 끝난 뒤 그 학생들은 실제로 우수한 학생들만큼 높은 성적을 거두었다. 상대를 인정해주고 격려해주는 소통은 위대한 기적을 만들어 낸다.

유대인들의 특징은 엉뚱한 상상력을 마음껏 펼칠 수 있는 환경을 제공해 준다. 그래서 투자의 귀재 워렌 버핏은 이렇게 말했다.

"좋아하는 일을 택하라. 성공은 자연히 따라온다."

유대인들은 남과 다르게 생각하고 다르게 표현하고 다르게 관계를 맺고, 그들은 유난히 왕성한 호기심을 갖고 자신이 잘하는 한 가지에만 집중했다. 설령 실패를 하더라도 긍정적으로 받아들이는 태도, 지칠 줄 모르는 도전적 모험정신을 가지고 있었기에 가능했다.

유대인이며 발명왕이자 GE사의 창업주는 토머스 에디슨이다.

그는 어릴 때부터 답을 얻을 때까지 질문하고, 궁금한 것은 직접 해 봐야 적성이 풀렸다. 한 가지 일에 집중하면 시간 가는 줄 몰랐으며, 끝없는 실패에도 긍정적인 태도를 보였다. 그는 마침내 새로운 것에 도전정신을 가지고 약 1,300여 가지의 발명품을 만들어 냈다.

앞으로 미래사회는 왕성한 호기심, 상상력, 그리고 원대한 꿈은 위대한 자산이 될 것이다. 그리고 이것들이 부의 원천이 된다.

간단한 성공의 원리

삶의 궁극적 목표는 진정한 자아를 찾아 더 나은 삶의 길을 선택하는 것이다. 마치 작은 애벌레가 나비가 되듯이 말이다.

트리나 폴러스(Trina Paulus)의 베스트셀러인 <꽃들에게 희망을>이라는 책에 보면 애벌레와 나비의 대화가 나온다.

"어떻게 하면 당신처럼 나비가 될 수 있나요?"

"애벌레로 살기를 기꺼이 포기할 만큼 간절히 날기를 원하면 돼."

프랑스 약사 <에밀 쿠에>는 말하는 대로 실천했다.

"나는 내가 좋다." "날마다 나는 점점 더 좋아지고 있다." "오늘이 일생을 통해서 가장 좋은 날이다." "하는 일마다 잘 될 것입니다." "할 수 있다, 해보자, 된다."와 같은 긍정의 말들을 하루에 30번씩 외치라고 주문한다. 말하는 대로 실천하면 그대로 된다.

"나는 매일매일, 모든 면에서 점점 더 좋아지고 있다."

에밀 쿠에의 자기암시는 상상의 힘이 언제나 의지력보다 더 강하다는 것을 알려준다.

우리도 이 간단한 성공의 원리를 매일매일 읽고 쓰고 실천하자.

이 원리가 유대인들이 일반적으로 갖고 있는 자기암시의 비결이자 성공의 원리였다.

자, 이 간단한 성장 원리를 각자의 삶에 실천해보자.

유대인 명언 읽고 필사하기

"나는 내가 좋다."

"날마다 나는 점점 더 좋아지고 있다."

"오늘이 일생을 통해 가장 좋은 날이다."

"하는 일마다 잘 될 것이다."

"할 수 있다, 해보자, 된다."

"누군가 자기 생각을 말할 때 고개만 끄덕이거나 미소 짓는 것은 우리 집에선 오히려 모욕이다."

_ 펜실베이니아대학교 부총장 유대인 에제키엘 이매뉴얼

"매일 '왠지 오늘은 나에게 큰 행운이 생길 것 같다'라는 말과 '나는 무엇이든 할 수 있다'라는 말을 반복했을 뿐입니다."

- 유대계 최고의 부자 빌 게이츠

게마라(Gemara)

게마라는 미쉬나에 대한 주석과 해석 등을 가지고 있고, 질문과 대답으로 이루어져 있다. 즉 미래의 세계에서 토라 연구와 토의를 위한 체계적인 법전인 미쉬나를 완성 시켜 놓은 것이다.

탈무드는 미쉬나를 본문으로 하고 게마라(주석)가 추가되었다.

4세기 후반 팔레스타인의 아모라임은 예루살렘 탈무드(또는 팔레스타인 탈무드로 부름)를 편찬하고, 한 세기가 지나서 바벨론에서도 바벨론 탈무드가 편찬되었다.

탈무드는 유대인의 모든 도덕, 민속, 역사, 삶의 방식 등 광범위한 주제를 다루고 있다. 후에 기독교 통치하에서 탈무드는 금서로 정해져, 1242년 파리, 1553년 이탈리아, 1757년 폴란드에서 불태워졌다.

탈무드의 첫 인쇄판은 1520-1523년 비엔나에서 출판되었다.

탈무드(배움)는 미쉬나와 게마라 전체를 가르치는 포괄적인 용어이다. BC 1세기- AD 7세기에 활동한 유대교 랍비들이 남김 문헌의 총칭을 말한다.

10

부(富)의
인맥 쌓기

부의 지혜

부자가 되고 싶다면 부자가 되기 위한 초석을 닦아라.

_ 유대인 격언

유대인 가정의 아이들은 다음과 같은 가훈을 어려서부터 귀에 못이 박히도록 듣고 자란다. "좋을 때는 나쁠 때를 대비해서 절대 들뜨지 않고 나쁠 때는 실망하지 않고 신이 최악의 일을 막아준 결과라며 긍정적으로 생각한다."

그리고 유대인들은 어떤 일을 하더라도 중도에 절대로 포기하지 않는다. 포기하지 않는 정신이 그들의 최고 무기이다. 결코 포기하지 않고 끈질기게 목적을 달성하는 기질은 유대인의 가장 큰 특징이다.

현명한 사람을 모으는 지혜

성공은 결코 남이 나에게 줄 수 없으며, 오직 스스로 노력해서 얻어내야 한다. 남보다 앞서가고 주도권을 잡고 싶다면 반드시 능동적이고 자발적으로 행해야 한다. 그래서 성공은 결코 우연은 없다. 유대인들은 자신만의 사유방식과 실천으로 성공을 거둔 사람들이다. 어떤 어려움이 닥치면, 그들은 끝까지 적극적으로 밀어붙이겠다는 각오를 다진다.

유대인의 생각은 다르다.

안전한 길에 머물기를 단호히 거부하고 끊임없이 혁신을 추구한다. 한 가지 방법이 통하지 않으면 즉시 새로운 방법을 연구하고, 두 번째 방법이 통하지 않으면 세 번째 방법으로 변경하거나 새로운 길을 모색한다. 정공법이 통하지 않으면 역발상으로 새로운 변칙적인 방법을 모색한다.

여전히 비즈니스 사회는 인맥이 성공을 크게 좌우한다.

그래서 어느 누구도 자신의 힘만으로 크게 성공할 수 없다.

유대인은 타인의 힘을 빌리는 지혜로 지금의 성공을 만들었다. 인맥 지혜를 활용하는 면에서 타의 추종을 불허한다. 정치계와 재계는 물론 과학기술 분야에서도 그들은 늘 주변 상황을 잘 활용하고 남의 힘을 빌려서 탁월한 성과를 일궈낸다.

미국의 강철 왕 앤드루 카네기(1835-1919)의 묘비에는 다음과 같은 글이 쓰여 있다고 한다.

"자신보다 더 현명한 사람을 모을 줄 알았던 이, 바로 이곳에 잠들다."

그는 묘비명대로 자신보다 훨씬 우수한 인재를 발굴하여 능력을 발휘할 수 있도록 만듦으로써 기업의 매출을 급격하게 올릴 수 있었다. 이것이 그가 평범한 철도 노동자에서 강철왕의 자리에 오를 수 있었던 원동력이었다.

마이크로소프트사(MS)의 창업주 빌 게이츠는 오랫동안 세계 최고의 갑부로서 명성을 유지할 수 있었던 비결에 대해 자주 질문을 받았다. 그때마다 그의 대답은 한결같이 '저보다 더 똑똑한 사람을 모셔왔기 때문입니다'라고 말했다.

자신보다 유능한 사람을 뽑아서 그의 도움을 받는 것 또한 유대인의 일 처리 방식에서 간과할 수 없는 중요한 능력이다. 그래서 성공이란 자신의 능력이 얼마나 뛰어난가가 아니라 다른 사람의 능력을 끌어다 쓰는 능력이 얼마나 뛰어난가에 달려 있다고 해도 과언이 아니다.

치열한 유니크

중국 당나라의 시인 한유(768-824)는 <사설>에서 '도(道)를 드는 것에는 먼저와 나중이 있고, 기술이나 학업에는 전문 분야가 있다'고 말했다.

소수 민족 유대인들이 미국과 세계에 실질적으로 큰 영향력을 주고 있다. 그런가하면 아메리카 대륙을 발견한 크리스토퍼 콜럼버스(Chistopher Columbus), 금융투자자 조지 소로스(George Soros), 영화감독 스티븐 스필버그(Steven Spielberg) 등 유대인들은 이루 헤아릴 수가 없다. 다시 거론하지만 구글, 페이스북 설립자도 유대인, 세계 최대의 석유 재벌 존 록펠러, 월 스트리트를 주름 잡았던 존 피어폰트 모건 등 대표적 인물들은 전부 유대인이다.

앞에서도 재차 말했지만 성장하려면 관조[觀照]하고 물음을 가져야 한다.

유대인은 무엇 때문에 놀랄 만한 성공을 거뒀을까?

어떻게 상업과 금융 분야에서 두각을 나타내며 큰 부를 모았을까? 사실 이런 질문은 복잡해 보이지만 대답은 간단하다. 미국의 저명한 저술가이자 교육자인 러셀 콘웰(1843-1925)의 말로 대신 전한다.

"가난한 사람은 죽을 때까지 부를 추구하는 데 서툴지만, 부자들은 죽을 때까지 꾸준히 부를 추구하고 축적하는 데 탁월한 능력을 가졌다."

호기심이 없이는 창의성도 없다. 창의성이란 자신의 자긍심과 신념이 확고하고 호기심이 왕성하게 발현할 때 생겨난다. 유대인들은 아이들에게 창의력을 키우기 위해 실수를 했을 때, 웃으면서 격려해 주는 '마잘톱'이라는 말이 있다. '마잘톱'은 히브리어로 '축하한다'라는 뜻이다. 즉 인생에서 큰 가르침을 얻을 수 있는 좋은 경험을 했다는 의미에서 축하한다고 표현한다.

기업이 수익성을 높이기 위해서는 경쟁은 필연적이다.

그런데 베스트(best) 경쟁으로는 한계가 있다. 경쟁자와 똑같은 제품을 똑같은 방법으로 생산하는 것, 그저 목표가 1등이 되는 것으로는 앞으로 치고나갈 수 없다. 반면 유니크(unique) 경쟁은 자신만의 차별화된 독특한 방법으로 경쟁자를 제압할 수 있다.

특히 유니크 경쟁의 목표는 상대와 직접 대결을 피하며 수익 증대를 가져오는 것을 목표로 한다. 그래서 유대인은 경쟁의 개념을 남에게 이기는 것이라고 정의하지 않는다. 남보다 유니크한 것에 초점을 둔다. 그러기 위해서는 상대에게 집중하는 것이 아니라 자신에게 집중하며 사색한다.

결국 치열한 사색은 자신만의 개성을 찾아 스스로 질문을 하고 답을 찾아내는 것이다. 나의 개성을 살려서 남과 다른 삶을 살아간다.

유대인은 선택한 길을 걸어감에 있어 목숨을 건다. 어떤 틀 안에 가

두지 않고 철저하게 개성 중심의 교육을 시킨다.

하지만 우리가 나만의 삶을 통해 성장하려면 필히 유니크한 사색이 필요하다. 남들이 잘 된다고 하면 무조건 따라 하지말고 남과 다른 나만의 유니크한 삶을 누려야 할 것이다.

1등 최고가 된 밑천

유대인은 여전히 거의 모든 분야에서 큰 영향력을 끼치고 있다.

유대인들의 성공을 조사해보니 나름대로 차별적 사고법을 가지고 있었다. 그들의 생각은 남달랐다. 한 예로 "남들이 그 길은 아니다!"라고 외칠 때, 나름 확신을 갖고 자기 생각을 수정하고 확장하여 결국 부자가 된 사람들이다. 그래서 처음 사업 시작 시 1년이 걸리더라도 부자 밑에서 돈 한 푼 받지 않고 일하면서 배우려고 애쓴다.

이렇게 돈보다 머리 쓰는 법부터 배운다. 그들의 성공은 결코 우연이 아니다. 유대인 재테크 방법 중 하나가 목표를 세우고 업계 전문가에게 비결을 배운 뒤 끊임없이 투자한다.

그들은 비즈니스 과정에서 강력한 경쟁자를 만나면 오히려 기뻐한다. 라이벌이 존재하는 까닭에 자신도 위기감을 느끼고 살아남기 위해 경쟁력을 더 키울 수밖에 없기 때문이다.

이제 나만을 위한 이탈의 시간을 가져보자.

일은 적게 하고, 많은 시간 동안 생각하고 사색하는 시간을 갖는다. 혼자서 진짜 공부를 한다. 독서를 즐기고 외국어를 익힌다. 그리고 가족과 토론을 한다. 때론 집밖으로 나가 산책을 한다. 이러한 문화를 가지고 즐긴다면 최고의 결과를 낼 수 있을 것이다.

사색 습관이 기적의 변화를 만든 것이다.

1,600만 밖에 안 되는 적은 인구로 세계 최고의 성과를 휩쓸고 있는 힘은 무엇인가?

거기엔 깊은 사색적 자원이 있었기에 가능했다.

거의 매일 책을 읽으며 생각하는 힘을 길러 글을 쓴다. 암기보다는 이해, 질문, 대화, 토론 중심의 문화를 실천한다. 가장 우선순위로 강조하는 것이 독서이다. 그들은 독서와 사색이 성공하는데 최고의 밑천이 된다는 것을 알기 때문이다.

돈 버는 좋은 태도

먼저 개인 관계를 잘 다져놓은 후에 장사한다.

_ 유대인 속담

돈의 정의

탈무드에 나오는 그리스의 대왕 알렉산더 이야기를 통해서 진정한 돈의 정의란 무엇인지를 알 수가 있다.

한번은 알렉산더 대왕이 이스라엘에 왔을 때의 일이다. 어떤 유대인이 대왕에게 물었다.

"대왕께서는 우리가 가진 금과 은을 갖고 싶지 않으신지요?"

그러자 알렉산더 대왕이 대답했다.

"나는 금과 같은 보화를 많이 가지고 있어서 그런 건 조금도 욕심나지 않소. 다만 유대인들의 전통과 정신이 어떤 것인지 알고 싶을 뿐이오."

알렉산더 대왕이 이스라엘에 머물고 있는 동안 두 명의 남자가 어떤 일을 상담하기 위해 랍비를 찾아갔다.

한 사람이 다른 사람으로부터 밭을 샀는데, 그 밭 속에서 많은 금화가 발견되었다. 그래서 그는 밭을 판 사람에게 "나는 밭을 산 것이지 금화까지 산 것은 아니오. 그러니 이 금화는 마땅히 당신 것이오."라고 말했다. 그러자 밭을 판 사람은 그것을 산 사람에게 "나는 당신에게 밭을 판 것이니, 그 속에 들어있는 것도 모두 당신 것이오."라고 말했다.

랍비는 한참을 생각하고 나서 판정을 내렸다.

"당신들에게는 각기 딸과 아들이 있으니, 그 두 사람을 서로 결혼시킨 뒤 그 금화를 그들에게 물려주는 것이 좋을 것 같소."

그러고는 알렉산더 대왕에게 물어보았다.

"대왕님의 나라에서는 이런 경우 어떤 판결을 내리십니까?"

그러자 알렉산더 대왕이 아주 간단하게 답했다.

"우리나라에서는 두 사람을 모두 죽이고 내가 금화를 갖지요. 이것이 내가 알고 있는 '정의'요."

거지가 없는 민족이 어느 나라일까? 답은 유대인 민족이다.

그들은 사람이 실패하거나 가난해지면 신실하게 자립할 수 있도록 돕는다.

유대인의 특징 중 하나가 "부의 축적에 민감한 두뇌를 가졌다"고 생각한다. 중국 속담에는 "돈을 굴리지 않으면 돈도 당신을 쓰지 않는다."는 말이 있다. 맞다. 사실 동서고금을 막론하고 경제를 모르면 돈을 벌수가 없다.

일찍이 유대인은 돈을 굴려야만 끊임없이 부를 창출하는 것으로 보았다. 그래서 현금으로 거래함으로써 불필요한 갈등을 줄이고, 자신의 수익이 줄어드는 상황을 피한다. 그들은 어떤 이유가 있든 푼돈 한 닢도 놓치는 법이 없다. 또 돈 버는 기회를 놓치는 법이 없다. 바로 돈이 많을수록 돈을 아낀다는 원칙을 적용한다.

한 예로 미국의 석유재벌 록펠러 역시 자신의 재산을 잘 지켜 부자가 되었다. 그가 남긴 말이다.

"돈지갑을 잘 감시해라. 돈이 함부로 주머니에서 나가지 못하게 해라. 다른 사람이 당신을 '구두쇠'라고 말하는 것을 두려워하지 마라."

하지만 유대인들은 자기 민족의 사람들에게 아낌없이 돈을 쓴다. 또 가난한 사람들을 돕고, 건강한 사회를 만드는 일에 투자하는 것을 아끼지 않는다. 그리고 미래에 투자하는 것은 매우 적극적이다.

대신 유대인들은 '경제활동에서 벼락부자는 없다'는 것을 어릴 때부터 자녀들에게 확실히 주지시킨다. 그래서 자기가 마땅히 해야 할 일에 대해서는 용돈을 지급하지 않는다. 가족 공동체를 위하는 일, 예컨대 재활용품 분리수거를 돕거나 거실 정리, 신발 정리하기, 고양이 먹이 주기, 함께 식사하기 등이 여기에 해당된다. 그리고 유대인들은 자녀들에게 반드시 부모의 직업을 돕게 하며 그것을 숙달시켜 능숙하도록 한다. 자녀가 검사든 판사든 의사든 간에 반드시 부모의 직업에 동참하게 한다.

매주 한 가지 친절 베풀기

미국 미시간 대학이 1969년에 2,754명의 사람들을 선정한 후에 12년 동안 세심하게 모니터한 연구 조사 결과가 있다. 한 주에 한 번도 봉사 활동을 하지 않은 사람들의 사망률이 한 주에 최소 한 번 봉사 활동을 한 사람들의 사망률보다 두 배 반이나 높았다.

탈무드에 따르면, 최고의 선행은 "진정한 친절"이라고 전한다.
유대인의 기본 태도는 "말은 적게 하지만 행동은 많이 한다." 그래서 유대인들은 하루를 기분 좋게 출발하는 방법으로, 즉 하루의 첫 말이 감사와 기쁨을 표현하기 전까지 완전한 하루가 아니라고 주장한다.

우리도 한주에 하루 또는 한 달에 하루 정도는 친절의 날로 정하고 하루 내내 친절을 실천하는 것을 최우선시하는 날로 정해 실천해보자. 이날만큼은 말은 적게 하고 친절을 발휘할 기회가 주어지면 외면하지 말고 먼저 다가가 도움의 손길을 내밀어야 한다. 사실 우리가 살고 있는 주변을 살펴보면 말은 적게 하고 행동으로 친절을 베풀 기회가 넘쳐난다.

<탈무드>의 가장 유명한 구절이 "네 이웃 사랑하기를 네 자신과 같이 사랑하라."는 이웃을 사랑하라는 계율이다. 심지어 미워하는 사람에게 먼저 친절을 베풀어야 한다.

선행 실천을 한 주 뿐만 아니라 앞으로도 계속 선행들을 실천할 수 있게 되길 바란다.

아래에 최근에 선행 목록을 작성해 보자.

- 할인마트에서 사용한 카트를 제자리에 갖다 놓았다.
- 전철이나 버스 안에서 노약자에게 자리를 양보했다.
- 수고하는 안내원에게 커피를 사다 주었다.
- 오늘도 만나는 사람들에게 먼저 공손하게 인사를 했다.
- 노숙자에게 말없이 식사비를 제공했다.

창조적 열린 사고

탈무드에 "지혜로운 사람이란 만나는 모든 이로부터 무언가를 배울 수 있는 사람이다."라는 말이 있다. 우리는 누구에게나 배울 수 있다는 것을 명심해야 한다. 그런데 다른 사람에게 무엇이든 배우기 위해서 필요한 덕목은 열린 사고다. 유대인들은 메마른 사막, 자원이 없는 땅에서 그들이 선택한 것은 교육을 통한 창조였다.

탈무드에 이런 이야기가 있다.

두 명의 굴뚝 청소부가 함께 굴뚝을 청소했다. 청소를 끝낸 둘은 서로의 얼굴을 보았다. 한 사람은 검은 검댕이 잔뜩 묻은 얼굴을 하고 있었고, 한 사람은 검댕이 전혀 묻지 않은 얼굴이었다.

과연 먼저 가서 얼굴을 씻을 사람은 누구일까?

논리적인 대답은 얼굴에 검댕이 묻지 않은 사람이다. 왜냐하면 그는 '나도 저렇게 검댕이가 많이 묻었겠군.' 하고 생각하면서 먼저 씻으러 갔을 것이다. 검댕이 잔뜩 묻은 사람은 상대방의 깨끗한 얼굴을 보면서 자신의 얼굴도 깨끗할 것이라고 생각했을 것이기 때문이다.

하지만, 두 사람이 함께 굴뚝을 청소했다면 모두의 얼굴에 검댕이 묻지 않을 수가 없을 것이다.

이는 한마디로 생각의 차이다.

별것 아닌 것 같지만 어떤 일을 하거나 관계를 맺을 때 적극적으로 생각하고 긍정적 사고방식으로 추진하고 있는가?가 매우 중요하다.

지금 큰돈을 벌었다면 그것은 아마도 절대적 남다른 생각의 차이 때문일 것이다. 그러므로 부자나 성공한 사람처럼 긍정의 생각을 실행에 옮긴다면 부가 늘어나는 것을 경험하게 될 것이다.

유대인들은 정해진 틀에서 벗어나 남과 다른 생각을 한다. 대담함과 패기는 물론이고 집요한 끈기, 인내, 노력으로 자신의 길을 개척해 나간 민족이다. 특히 남이 생각해내지 못한 아이디어를 생각해내는 능력을 갖추고 있다. 그들은 기존의 틀에 얽매이거나 권위에 속박되기를 거부하며 익숙함을 버린다.

저명한 연설가 러셀 콘웰드는 이런 말을 하였다.

"당신이 살면서 어떤 일에 종사하며 처리하든, 행동에 앞서 타인이 원하는 것이 무엇인지 고민해야 한다. 그것이 바로 성공 비결이다. 타인의 욕구를 파악해야 그곳에 힘과 노력을 쏟아 부을 수 있기 때문이다."

즉 상대방의 욕구를 정확히 파악한 후 이를 충족시켜주는 것은 타인의 신뢰와 성원을 얻는 중요한 열쇠가 된다. 그러므로 타인의 마음을 이해하는 것은 능력이다.

유대인 친분력

중국 청나라의 소설 <홍루몽>에는 '호풍빈차력, 송아상청운'이란 시구가 나오는데, 이는 "남의 힘을 빌리지 않고는 결코 성공할 수 없다"는 뜻이다. 유대인 속담에도 "먼저 개인 관계를 잘 다져놓은 후에 장사하라"고 말한다.

나는 오랜 시간 성공한 사람들의 공통된 특징을 연구하고 있다. 그들에겐 타인의 힘을 이용할 줄 아는 노하우가 있다. 절대 독불장군처럼 처신한다면 성과를 기대할 수 없다. 대신 서로의 신뢰적 대인관계를 통해서 즉 타인의 힘을 빌려야 성공할 수 있다는 의미다.

다른 사람의 힘을 빌리는 유대인 경우를 보면,

첫 번째로, 영향력 있는 사람을 찾아 그와 친분을 쌓기 위해 노력한다.

두 번째로, 적절한 시기에 친분을 맺은 그 사람에게 도움을 청할 줄 안다. 이 말은 인간관계를 형성하고 그 관계를 이용하여 도움을 받는 능력을 얼마나 중요시하는지 잘 보여준다.

이것을 유대인들은 '닭을 빌려서 달걀을 낳게 한다'라고 말한다. 그들은 주변 상황을 잘 활용하고 남의 힘을 빌려서 탁월한 성과를 일궈내는 타의 추종을 한다.

세계 영화계의 중심지 할리우드에는 다음의 말이 공공연하게 알려져 있다. "성공은 당신이 얼마나 알고 있는가가 아니라 누구를 알고 있느냐에 달려 있다."

중국 속담에 보면 "아무리 훌륭한 사람도 세 사람의 도움이 필요하다."

한 유대인 학자는 실험을 통해 "이 세상의 어떤 사람도 여섯 사람만 거치면 모두 연결된다"라는 결론을 내렸다. 노벨상을 받은 퀴리 부인(1867-1934)은 이런 말을 하였다. "강자는 기회를 만들고 약자는 기회를 기다린다." 즉 성공은 친분력을 통해 절호의 기회를 포착할 수 있는 능력이다.

성공은 역량 있는 좋은 사람을 얼마나 알고 관계를 맺고 있느냐에 의해 좌우되지만 좋은 인맥이 하늘에서 어느 날 뚝 떨어지는 법이 아니다. 잘 준비된 사람에게 찾아온다. 그래서 유대인들은 기본적으로 진심을 다해 타인을 대하고, 기꺼이 남을 돕는다는 원칙을 고수한다.

막벨라 동굴

막벨라 동굴은 이스라엘의 성지로 손꼽힌다.

아브라함이 아내 사라가 죽은 후 가족 묘지로 구입한 곳이다(창세기 23:8-17). 예루살렘 남쪽 32km, 유대 산악지대 해발 900m 지점에 위치하고 있다. 그곳에는 이스라엘 족장들의 무덤이 모여 있는 막벨라 동굴이 있다. 이 동굴에는 매우 오래된 무덤 하나가 있는데 이스라엘 족장들의 무덤으로서 유대종교의 창시자이며 조상인 아브라함의 유해가 있다. 그뿐만 아니라 그의 아내 사라, 그의 아들 이삭과 며느리 리브가의 무덤이 짝을 이룬 채로 그곳에 있다. 내부 안뜰 건너편에는 또 다른 쌍의 무덤이 있다. 이는 아브라함의 손자인 야곱과 그 아내 레아의 무덤이다. 건물 바깥쪽에는 그들의 아들인 요셉의 무덤도 있다.

무덤 위의 건물은 크기와 복잡성, 역사성을 볼 때 놀랍기 그지없다. 2,000년 전 헤롯대왕이 건설한 거대한 성벽이 무덤을 둘러싸고 있다. 내부는 중세건축과 아라베스크 장식, 1967년 6일 전쟁 후 이곳에 유대인 공동체가 재건된 후 발견된 회당이 조화를 이루고 있다.

유대인의
위대한 관계술

가장 빨리 부자가 되는 지름길

자기 아들에게 직업(장사)을 안 가르치면 자식을 강도로 키우는 것과 같다.

_ 탈무드

여전히 유대인들은 세계 경제사를 주도하고 있다. 이는 유대인의 역사는 창조를 기록한 구약성경에서 기인한다. 창세기에 의하면 하나님은 인간의 얼굴을 단 한 명도 같지 않게 만들었다는 사실은 곧 모든 인간이 각자의 창조력을 골고루 나누어 가졌기 때문에 각각의 재능을 갖고 태어났다고 믿는다. 그렇다보니 유대인들은 매우 창의적이다.

탈무드 상술

유대인들의 강인한 민족성과 더불어 도덕성을 확인할 수 있는 격언들이다.

"우리는 하나다. 하나로 뭉쳐야 한다. 같은 길을 걷는 사람들이다."

"갈대 하나는 어린아이라도 쉽게 꺾을 수 있지만, 한 묶음이 되면 제아무리 힘센 사람도 꺾을 수 없다."

"장사를 할 경우에는 계량을 정직하게 하고 물건을 속이지 말라."

유대인들은 언제나 물건을 파는 쪽보다 사는 사람들을 우선시하라는 가르침이다. 그래서 유대인 상술은 한마디로 항상 좋은 품질의 상품만을 팔아야 한다는 것이다. 그리고 물건을 판 뒤 구매자가 물건의 결함을 발견하여 불평할 경우에는 즉시 물건을 바꾸어주거나 돈으로 물러주어야 한다. 또 물건을 사간 사람은 일주일 동안 이웃 사람이나 전문가에게 산 물건을 보여주고 그들의 의견을 들을 권리가 있음을 장려한다.

사실은 유대인들의 상술에는 창의성이 있다. 결국 많은 백화점을 소유하게 된다. 예를 들면, 처음에 미국에 이민 온 유대인들은 손수레에 물건을 싣고 길에 다니며 팔았다. 비록 작은 손수레지만 여러 가지 물건을 싣고 다니며 팔아 돈을 벌었다. 그러나 어느 정도 돈이 모아지자 많은 물건을 한 장소에서 팔 수 없을까 생각했다. 또 구매자도 한 곳에 들려 여러 가지 물건들을 고루 살 수 있으면 좋지 않을까 생각했다. 그것이 바로 백화점의 시작이다.

최강 상인의 비밀

요즘도 처세를 잘하면 성공과 행복을 누리는 데 꽤 많은 도움이 된다. 사실 특별히 좋은 관계를 만드는 설득 기술, 협상 노하우 등을 실천하고 있는 유대인들을 통해 배울 수 있었다.

유대인들은 상대방을 기분 좋게 만들면서 협상을 이끄는 기술을 갖고 있다. 상대방의 마음을 사로잡아 자신도 모르게 'YES'를 외치게 만든다. 세상에서 가장 협상을 잘하는 사람들이다.

유대인들은 어떻게 세계 최강의 상인으로 인정받게 되었을까?

그들은 한번 만나면 잊지 못할 존재가 되겠다는 자세를 갖고 상대를 대한다. 특히 새로운 만남에서 틀림없이 좋은 효과를 가져다주는 것이 태도이다. 상대방이 호감을 느낀다면 뒤이은 거래가 원만하게 진행될 가능성이 높기 때문이다. 사전에 상대방이 나를 마음에 들게 만드는 것이 절대적인 첫 조건이다. 이것이 상대를 향한 배려의 마음이다.

오랜 세월 동안 유대인은 세계 각지에서 학대받는 유랑민족이었다. 그러기에 부동산을 소유할 수 없었다. 대신 몸에 지니고 다닐 수 있는 지혜를 더 많이 쌓을 수밖에 없었다. 그래서 그들은 돈을 벌어도 미움받지 않는 지혜를 삶의 역경 속에서 터득하였다.

전설의 가문이자 세계적으로 성공한 로스차일드(Rothschild)는 250년간 유럽 금융계를 지배했다. 19세기초 유대인 마이어 앰쉘(1744-1812)은 독일에서 로스차일드 은행을 설립했다. 그는 경건한 유대인으로 "키도시 하셈"의 정신에 충실한 사람으로 정직하고 올바르게 경영을 했다.

결과적으로 점점 신뢰를 얻게 되었고 돈을 모으게 되었다.

그래서 유대인들은 장사할 때 내재 된 힘 '키도시 하셈'[2]을 따른다. 직역하면 '이름을 거룩하게 한다'는 의미로 자신이나 가문, 동족의 이름도 더럽히지 말아야 한다는 뜻이다.

다시 말해 '키도시 하셈'은 정직함에 대한 신념으로, 상품에 대해 과대선전하거나 상품을 사재기하는 등의 편법이나 꼼수를 쓰지 않고 정직하게 장사하겠다는 마음가짐이다.

일찍이 유대인들은 측량기나 계량기 같은 것을 감독하는 관리가

---

2) 구약성경 레위기 19:35-36. 너희는 재판할 때나 길이나 무게나 양을 잴 때 불의를 행하지 말고 공평한 저울과 공평한 추와 공평한 에바와 공평한 힌을 사용하라 나는 너희를 인도하여 애굽 땅에서 나오게 한 너희의 하나님 여호와이니라.

있었다고 한다. 여름과 겨울에는 토지의 크기를 재는 줄도 각각 다른 것으로 사용한다. 왜냐하면 줄도 날씨에 따라 늘거나 줄 수 있기 때문이었다. 랍비 라바라는 인간이 죽어서 하늘나라에 가면 제일 먼저 묻는 말은 "그대는 장사꾼으로 정직했는가?"라고 말했다. 그래서 유대인들은 항상 키도시 하셈 정신을 염두에 두고 장사를 하므로 좀처럼 남을 속이는 법이 없다고 한다.

그들에게 정직은 부자가 되는 지름길이라고 믿기 때문이다.

개성에 맞춘 깊은 사색

우리나라 교육 현장을 보면 아직도 자유로운 창의적 수업이 부족하다. 주로 주입식, 암기식, 결과적 학습을 하고 있다. 공부를 이해와 참여보다 외우는 것으로 인식하고 있는 듯하다. 이는 생각을 키우는 교육이 아닐뿐더러 창의적 생각을 죽이게 된다. 수능 준비 때문이겠지만 평소 독서 나눔과 사색하는 수업을 그리 중요시 하지 않는다.

알다시피 각 영역 노벨상을 주는 기준은, 기본적으로 인간이 배운 지식을 사용하여 이전에 없던 큰 업적을 낸 사람에게 주어지는 것이다.

앞에서 여러 번 강조했지만 유대인의 힘은 깊은 사색에 있다. 그래서 그들은 항상 정답이 하나라고 생각하지 않는다. 다른 관점과 다름을 인정하고 다름 철학을, 다름의 가치를 존중한다.

이제 우리들도 다름을 인정하고 다름의 생각을 가져야 한다. 그런데 그 다름은 그 사람이 어디에 관심을 보이고, 무엇에 흥미를 느끼며 어떤 분야에 창의적인지, 어떤 잠재력을 가지고 있는지 등을 주의 깊게 관찰하는 능력을 가지고 있어야 한다.

그러므로 신선한 창의성은 일방적인 노력보다는 자신의 경험과 개성에 초점을 맞춰 아주 깊이 파고드는 것이다. 억지로 하기보다는 좋아해야하고, 자신의 능력에 맞추어 하고 싶은 것을 해야 한다.

일본의 작가 다치바나 다카시는 <도쿄대 학생들은 바보가 되었는가>라는 책에서 요즘 학생들은 획일적이고 개성이 없다며 바보가 되었다고 말하였다.

큰 성장을 기대하고 있다면 필히 자신의 경험과 개성에 맞춘 능력을 발휘해야 한다. 단순히 수동적인 자세로는 창의적 성과를 이룰 수 없다.

천재를 만든 힘

교육의 목적은 인격의 형성에 있다. 기계적인 사람을 만드는 데 있지 않고,

인간적인 사람을 만드는 데 있다. 또한 교육의 비결은 상호존중의 묘미를

알게 하는데 있다. 일정한 틀에 짜인 교육은 유익하지 못하다.

창조적인 표현과 지식에 대한 기쁨을 깨우쳐주는 것이

교육자 최고의 기술이다.

_ 알버트 아인슈타인

고전에 취한 천재

<타임>지가 20세기 최고의 인물로 물리학자 앨버트 아인슈타인

(1879-1955)을 선정했다. 그는 독일 태생의 유대인이며 상대성이론으로 노벨상을 수상했다. 그를 현대물리학의 아버지로도 부르기도 한다.

그런데 아인슈타인이 처음부터 천재 과학자로 불리지는 않았다. 그를 천재로 만든 것은 바로 관찰하는 긍정적인 태도였다. 그의 사물을 관찰하는 태도는 모든 것이 기적이었다. 그래서 그의 명언을 보면 "지식보다 더 중요한 것은 상상력"이라고 하였을 정도이다.

한 아이가 유태인 가정에서 태어났다. 하지만 아이는 부모의 근심거리였다. 세 살이 되도록 말을 못하였고 초등학교에서는 배우는 것들이 너무 느렸다. 심지어는 지적 장애자라고까지 놀림을 받았다. 그의 산만함과 불성실한 수업 태도로 선생님으로부터 비난받기가 일쑤였다.

"너는 너무나 형편없는 놈이기 때문에 커서 아무것도 제대로 해내지 못할 거다."

이 아이는 고등학교에서 퇴학을 당한 기록과 대학 입학시험에 낙방의 기록도 있다. 이후 대학을 졸업했지만 생계를 위한 일자리조차 얻는것도 힘들었다. 누가 봐도 특별한 구석이라고는 찾아볼 수 없는 아이였다. 다만 고전 인문을 열렬히 사랑했다. 아버지는 집에서 많은 고전 책을 즐겨 읽어주었고 어머니는 고전 음악을 들려주었다. 이후 그의 삶은 고전 독서로 가득 채워졌다. 훗날 직장에서 퇴근한 뒤에는 자신이 만든 고전 독서모임을 가졌고 논리적 사고 훈련을 하게 된다. 한

문단을 가지고도 며칠씩 치열하게 사색하고 토론을 벌였다.

그는 훗날 영국의 교수가 되었고 '특수상대성이론'이라는 책을 발간했고, 광전효과로 노벨물리학상을 수상한다.

다음은 아인슈타인의 멋진 명언이다.

"나는 술 대신 철학 고전에 취하겠다."

실로 아인슈타인이 학습장애아였다는 사실이 믿기지 않는다. 그 천재가 어떻게 학습장애아일 수 있냐고 반문하는 사람들이 많을 것이다. 학교에서는 문제아, 학습장애아로 낙인찍혔던 아인슈타인이 어떻게 천재적인 사람이 될 수 있었을까?

한마디로 말하자면 그를 천재로 만든 힘은 바로 관찰적 자세였다.

문제에 집착하기보다는 자신에게 주어진 문제를 창의적인 상상력으로 해결했기 때문이다. 그는 언제나 긍정적 태도로 주변의 것을 관찰하는 긍정적인 자세를 갖고 대했다.

관조하는 자세

생각해보건대, 실용적인 힘을 길러내는 핵심이 무엇일까?

유대인들은 예술성과 창조성에 조예가 깊다. 특히 그들은 평생 공부를 한다. 후천적인 학습이 더 중요하기 때문이다. 평생 동안 공부를 하는 사람이 비즈니스에서도 좋은 성과를 내게 된다.

예를 들어, 평소에 식당 운영을 하는 사장이 열심히 배우고 공부하는 자세를 잃지 않고 새롭고 유용한 지식을 집중적으로 캐냈다면 쉽게 실패 할 요인들이 줄어들게 된다. 기존의 낡은 생각의 틀을 깨고 소비 트렌드에 맞는 실용적인 방법들을 모색하여 시도했을 것이다.

유대인들은 늘 사색하고 관조하는 자세를 지니고 있다. 보다 입체적으로 세상을 바라본다. '관조(觀照)'라는 말은 '고요한 마음으로 사물이나 현상을 관찰하여 비추어 봄'을 뜻한다. 그래서 그리스 철학자 아리스토텔레스는 '관조'를 인간 삶의 최선이라고 말했다. 관조는 그리스어로 '쎄오리아'라고 부르는데 '이론'을 의미하는 영어단어 'theory'는 이 단어에서 파생했다.

관조하는 사람들이 되고자한다면 우선 듣는 자세를 취한다. 먼저 상대의 말을 모조리 다 잘 들어준다. 누구나 자신을 존중해주는 사람에게 호감을 갖기 때문에 철저히 듣는 입장으로 시작한다. 이는 좋은 첫인상을 만들 수 있다. 그리고 내게 발언권이 돌아오면 상대방의 발언 중에서 내가 합의할 수 있거나 공감할 수 있는 것부터 언급한다. 그러면서 부드러운 질문을 조금씩 덧붙여나간다.

그렇기에 유대인들을 세계 최고의 설득가라고도 부른다.

진지함으로 잘 듣고 있다가 딱 필요할 때 적합한 말로 논리적으로 설득한다.

귀인의식

나에게 '귀인(貴人)'이라고 여겨지는 사람이 몇 명이나 있는가?

'귀인(貴人)'은 말 그대로 '매우 귀한 사람'을 뜻한다. 내 인생에 행운을 가져다주는 사람, 기회를 제공해주는 사람, 복을 주는 사람 등 긍정적인 의미를 내포하고 있다.

사람은 누구나 귀인 대접을 받고 싶어 한다. 귀인을 얻고자 한다면 먼저 귀인대접을 해주어라. 그러려면 사람을 대하는 기본적인 마음자세가 중요하다. 분명 '귀인의식'이 있다면 귀인으로 만들 대상의 범위가 훨씬 넓어질 수 있다.

유대인들은 물건의 가격이나 품질, 홍보로 고객의 신뢰를 얻거나 감동시키기 보다는 고객 제일주의, 오직 고객을 감동시키는 것에 초점을 맞춘다.

고객과의 소통, 만족, 감동은 곧 고객을 내 편으로 만든다. 이른바 고객의 심리적 욕구를 충족시켜 주는 것이다. 이를 나는 '감성투자'라고 말한다. 고객이 원하는 존중과 관심, 중요한 존재라는 느낌을 마음에 심어준다.

고객을 감동시키는 일에는 큰 비용이 들어가지 않는다.

유대인 사업가에게 고객은 영원한 왕이다. 고객을 왕처럼 대해야 제품을 구매할 것이고 돈을 벌 수 있다는 신념을 갖고 있다.

미국 광고회사 <오길비 앤 매더>는 '고객에 대한 서비스가 첫째, 이윤 추구는 둘째'라는 창업 이념을 지금껏 유지해왔기에 세계적인 회사가 될 수 있었다고 한다.

이 기업은 직원들에게 효과적인 글쓰기를 배우게 한다. 자신의 창의적 생각을 글로 표현할 수 있어야 하기 때문이다.

세계 최대 유통업체인 월마트는 1955년에는 이름도 없는 소규모 상점에 불과했다. 그런데 눈부신 성장을 이룰 수 있었던 원동력은 바로 '고객은 왕이다'라는 전략 덕분이다.

창업자 샘 월턴은 다음과 같은 경영규칙을 실천하였다.

"직원들이 고객과의 거리가 약 4m이내가 되면 먼저 부드럽게 고객의 두 눈을 바라보고 웃으면서 혹시 도움이 필요한지 인사말을 건네야 한다."

공손한 태도를 유지하고 고객이 존중받고 있다는 느낌을 심어줌으로써 더 좋은 거래를 성사시킨다. '고객은 왕'이라는 말은 단순한 말뿐이 아니라 고객이 정말 '왕'이 됐다는 느낌을 심어주는 감성투자가 이루어져야 한다.

장사를 하는 유대인들 사이에는 이런 말을 나눈다.

"고객을 잊으면 고객도 너를 잊는다. 계약이 성사된 후에도 계속해서 관심을 쏟고 고객이 그 제품에 얼마만큼 만족하고 있는지 파악해야 하며, 그들의 의견을 겸허히 받아들여라. 그래야 고객을 잃지 않는다."

유대인들은 단골 고객이 가장 좋은 고객이며, 단골 한 명은 신규 고객보다 최대 85%의 매출을 더 가져다준다는 사실을 일찌감치 깨달았다.

실생활에서 고객에게 공손하고 예의 바르게 말하여 감동적 감성을 심어주자. 이를 테면 "귀찮게 해드려 정말 죄송합니다.""바쁜 중에도 시간을 내주셔서 깊이 감사드립니다.""어서 오십시오. 환영합니다."

상황의 예로, 물건을 사러 대형 백화점에 갔다고 가정하자. 당신이 먼저 다가가서 머리를 조아리며 살갑게 인사를 건넨다.

얼굴에는 밝은 미소를 지은 뒤, "어서 오세요. 찾아 주셔서 감사합니다. 혹시 찾으시는 물건 있으세요?"

여기서 주의할 것은 적극적 열정은 필요하지만 지나치면 불편함을 줄 수도 있다.

12

유대인의 윤리

유대인의 바른 태도

그대가 서 있는 바로 그곳이 세상의 중심이다.

_ 탈무드, 베호롯 편8

독특한 태도

유대인 엄마들이 아이들에게 내는 수수께끼다.

"집이 불타고 재산을 빼앗기는 상황이 왔을 때에도 안전하게 지킬 수 있는 재산이 뭘까?

힌트를 주자면, 그것은 모양도 색도 냄새도 없단다."

..

답은 지적(知的) 재산이다.

보통은 작은 새를 예뻐하며 돌본다. 먹이도 주고 새장을 청결하게도 해 준다. 그러나 정작 새가 새장이라는 자유롭지 않은 환경에 갇혀 있다는 사실에는 별로 신경을 쓰지 않는다. 즉 자기중심적 시선으로만 본다. 그러나 진정 먹히는 소통은 상대방의 입장에서 바라보는 시선을 놓쳐서는 안 된다. 중요한 첫 번째 소통은 상대방의 입장에서 생각하고 바라보는 것이다.

세계적인 인물 아인슈타인, 프로이트, 그리고 마르크스를 모르는 사람은 없을 것이다. 이들은 20세기를 빛낸 3인으로 미국 최대의 시사주간지 <US뉴스 앤드 월드리포트>에서 선정했다.

인류사에 큰 발자취를 남긴 이 인물들이 거의 유대인이다. 하지만 더 놀라운 점은, 현재도 여전히 더 넓고 깊게 영향을 주고 있다.

그렇다면 유대인 성공의 진짜 비밀은 무엇인가? 바로 그들만의 독특한 생각법은 더 많이 공부하는 것이 아니라 더 '다르게' 생각한다는 것이다.

암기식 'IQ'에 맞춘 공부가 아니라 EQ(감성), AQ(역경), NQ(관계)에 집중된 학습을 한다. 많이 가르치는 것이 아니라 제대로 기본을 가르친다. 암기에 치중하는 것이 아니라 실천교육에 중점을 두었다. 학교

생활에서 성적 대신 질문과 토론을 챙긴다. 절대로 말없이 듣기만 하는 학습은 거부한다. 유대인들의 교육에서 제일 강조하는 것 역시 물음을 갖고 질문을 던지는 자세이다.

탈무드식 토론의 특이점은 어릴 적부터 번갈아 가며 관련 내용을 읽고 논리적 공격과 방어를 반복적으로 한다. 상대방의 논리를 반박하기 위해 갖가지 아이디어를 떠올리고 치밀하고 빈틈없는 방어 논리를 개발한다. 그러는 동안 자연스럽게 지혜와 사고력이 풍부하게 생긴다. 설득력과 언변력은 놀라울 정도로 향상된다.

유대인들의 학교 교육을 살펴보면 수업이 끝나면 복습을 하면서 자신들의 생각과 선생님의 가르침에 어떤 차이가 있는지에 대해 글로 표현하고 또 다시 토론한다.

표현의 태도

꽃은 힘껏 아름다운 색과 향기, 꿀로 자신을 표현해야 나비와 벌을 모으기가 수월하다. 살아 있는 모든 생물은 자신을 표현한다. 인간만이 표현하는 것이 아니라 살아 있는 모든 것들은 자신의 존재를 표현한다.

유독 사람은 독자적으로 더욱 강하고 아름답게 보이려고 한다. 근육을 만들거나 화장을 하는 등 자신을 더욱 표현하려는 노력에 그치지 않는다. 다시 말해 인간은 자신의 느낌이나 사상을 말, 글, 기호, 제스처, 그림, 음악, 춤, 연극, 문학, 건축 등으로 표현한다. 이는 인간만이 가진 특징이다. 그래서 삶은 커뮤니케이션이며 표현이다.

인간은 날마다 자기표현을 위해 살아간다. 그러므로 삶은 자신을 예술로 표현하게 만드는 충동이다. 그래서 예술뿐 아니라 모든 직업이 자기를 표현하는 수단으로 작용한다.

사람의 인품은 걸음걸이, 복장, 인사법을 보면 알 수 있고 일이나 술자리, 대화를 통해 시험해볼 수 있다. 이는 바른 태도를 가져야 함을 의미한다.

걸음걸이는 바른 자세를 의미하고 복장은 표정을 말한다. 입은 복장에 어울리는 자세라야 한다. 그리고 인사법은 예의범절을 갖추고 웃는 얼굴로 먼저 인사함을 말한다.

정작 타인의 격려를 해준 사람은 누구에게, 언제, 어떤 격려를 했는지 잊을 수도 있다. 그러나 격려를 받은 사람은 그 감격적인 태도를 결코 잊지 않는다. 그래서 오늘도 누군가를 격려하기 위해 최선을 다해야 한다. 삶은 커뮤니케이션이며 예술이다. 최선을 다해 격려하며 다정다감하게 다가가야 한다. 그렇기 위해서는 말하기 윤리를 꾸준히 학습하고 익혀 자신의 인품이 되어야 한다.

현명한 선택

1973년 노벨평화상을 받은 유대계 미국인 정치인 헨리 키신저는 "어려서 아버지를 통해 배운 성경 지식이 언제나 나의 삶을 지배한다." 또 "어렸을 때 부모에게서 물려받은 책상과 책을 내가 가장 귀한 선물이다"라고 입버릇처럼 말했다.

유대인 아빠는 학교 교육과는 별도로 역사와 율법, 도덕을 가르친다. 저녁에는 집에서 자녀들과 함께 독서와 토론으로 하루를 보낸다. 이때 아이들의 창의력과 호기심을 키우는데 결정적인 역할을 한다. 그래서 유대인들이 하루 중 가장 소중하게 생각하는 시간은 저녁에 가족들이 한 자리에 모여서 웃고 떠들며 부모와 자녀가 자유롭게 대화하는 시간을 갖는 것이다. 또 부모가 자녀들에게 칭찬과 격려를 하다보면 인성교육이 절로 된다.

케네디 대통령이 웅변과 연설에 능했던 이유도 어린 시절 가족과의 대화와 토론의 시간 때문이었다고 한다.

이제 아이들에게 책을 읽으라는 잔소리나 강압적인 말보다는 먼저 책을 읽는 모습을 보여주어야 한다. 그리고 하루에 한 번은 꼭 안아주고 다정한 대화를 나눈다. 이러한 태도가 위대한 선택의 지혜다.

영국의 정치인 벤저민 디즈레일리의 명언이다.

"행동이 반드시 행복을 가져다주지 않지만, 행동이 없다면 그 어떠한 행복도 없다."

한 성공한 유대인 사업가가 언론 매체와의 인터뷰에서 자신의 성공 비결에 대해 이렇게 말했다.

"첫 번째 비결은 끈기이고, 두 번째 비결도 끈기이며, 세 번째 비결 역시 끈기입니다."

그러자 이때 한 기자가 불쑥 질문을 던졌다.

"혹시 네 번째 비결도 있습니까?"

이 기자의 질문에 청중은 약간 엄숙하고 가라앉은 분위기였다.

그때 유대인 사업가가 말했다.

"만약 네 번째 비결이 있다면 과감하게 포기하는 것입니다."

이 말이 떨어지자마자 청중은 일제히 조용해졌다. 사업가가 이어서 말했다.

"만약 끈기있게 했는데도 여전히 성공하지 못한다면 아마도 당신이 노력하는 방향에 문제가 있기 때문입니다. 당신의 재능이 성공하기에는 턱없이 부족하기 때문일 수도 있겠지요. 만약 그 경우라면 포기하는 편이 꾸준히 계속하는 것보다 어렵겠지만, 그것이 가장 현명한 선택이 될 수 있습니다. 더 늦기 전에 생각을 바꿔 새로운 방향을 찾아야 합니다."

열심히 노력했는데도 여전히 성공과 거리가 멀다면 지금 노력하고 있는 방향이 올바른지 점검해야 한다. 잘못된 방향을 제때 수정하지 않는다면 결코 목적지에 도달 할 수 없다. 해도 해도 안 될 때는 이성적이고 합리적인 분석, 무엇보다 이 분석을 바탕으로 포기할 줄 아는 지혜로운 사람이 되어야 한다.

그래서 "어리석은 사람은 기회를 포기하고, 평범한 사람은 기회를 기다리며, 똑똑한 사람은 기회를 만든다"라는 말이 있을 정도이다.

바른 태도

"'만약'과 '아마'에 의지하지 말라"는 유대인 격언이 있다. '만약'이나 '아마'라는 생각을 자주 하는 사람은 대부분 모든 일이 자기 편한 대로 진행되기를 기대한다.

유대인 최초로 영국 수상이 되었고 유대인 역사가로 활동했던 벤저민 디즈레일리(1804~1881)는 "말과 행동이 일치하는 사람은 운명을 믿고, 변덕스러운 사람은 기회를 만든다"는 말을 하였다.

유대인은 세계 각지에서 학대받으면서 살아온 유랑민족이었다. 그래서 땅이라는 부동산을 소유할 수 없었다. 대신 몸에 품어 지니고 다닐 수 있는 작은 재산과 돈, 보석을 비축해야 했다. 당연히 남보다 돈 버는 지혜를 더 많이 쌓을 수밖에 없었다. 삶의 역경 속에서 터득한 협상과 설득 기술이다.

유대인이며 최고의 부자인 빌 게이츠의 기고만장한 표정을 나는 아직 보지 못했다. 아니면 자기가 제일 잘났고, 자기가 최고라는 듯한 오만한 말을 들어본 적도 없다.

어느 날, 랍비의 한 제자가 스승님에게 질문을 했다.

"스승님, 스승님께서는 진리란 어디에나 존재한다고 말씀하셨는데, 그렇다면 진리란 길거리의 작은 돌멩이처럼 흔하고 평범한 것인가요?"

그가 대답했다.

"그렇단다. 그래서 누구나 쉽게 진리를 얻을 수 있지."

그리고는 덧붙였다.

"다만 돌멩이처럼 작은 물건을 많이 주우려면 반드시 허리를 굽혀야하지. 하지만 사람들은 허리를 굽힐 줄 모른단다."

흔히 유대인은 협상과 설득을 잘하고 가장 힘겨운 상대라고 한다. 그들은 어떠한 상황과 조건에서도 '예스'를 이끌어내는 협상 전문가이다.

유대인들의 프로다움은 먼저 만나기 전의 인상에서부터 선점한다. 인상을 좋게 하여 상대방이 호감을 느낀다면 뒤이은 거래가 원만하게 진행될 가능성이 높다. 특히 사전에 상대방이 나를 마음에 들게 만드는 것이 절대적인 첫 조건이다. 한마디로 유대인들의 태도는 처음부터 끝까지 친절하고 솔직하다. 그리고 세심한 배려까지 계산한다. 환한 미소와 함께 상대방이 앉는 자리까지 신경을 쓴다. 그들은 상대방의 눈높이에 맞추는 배려의 마음을 갖고 있다.

한 유대인 현자는 다음과 같이 말했다.

"성공하고 싶은 자여, 마땅히 기회를 스스로 만들어야 할 것이니라. 어리석게 길가에 앉아 사람이 지나가기를 기다리면서 재물과 권력으로 향하는 길을 함께 가자고 청하지 말지어다."

욕망을 품은 인간

욕망은 인간의 본질이다.

_ 바뤼흐 스피노자

인간의 본질

17세기 중반 네덜란드의 유대인 철학자 스피노자(1632-1677)는 <에티카>라는 책에서 '욕망'을 이렇게 밝히고 있다.

되갚으려는 '복수심', 남을 이기고자 하는 '경쟁심', 남들이 주저하는 일에 나서서 극복하려는 '대범함', 또 이와는 대조적으로 자신이 입을지도 모를 위험이나 해악을 피하려는 '겁 많음'도 욕망의 변형이라는 것이다. 또 타인에게 일부러 해악을 가하는 '잔인함', 가엾은 사람에게 친절을 베풀고자 하는 '자비심', 친절에 보답하려는 '감사', 특정한 사람이나 물건을 동경하는 '사모함' 등도 욕망으로 정의하고 있다.

실제로 스피노자는 <에티카>에서 '욕망은 인간의 본질이다'라고 정의했다. 이를 바꿔 말하면 '욕망이 없는 인간은 인간이 아니다. 즉 죽은 인간이다'라는 뜻이다. 가난한 렌즈 가공 기술자로 생계를 꾸려가며 진지하고 성실하게 철학과 윤리학을 연구했던 스피노자가 내린 정의이기에 더더욱 그 의미가 깊다.

또 정신분석의 창시자 프로이트는 '성욕'을 인간 행위의 근원으로 보았다. 정신과 의사이자 심리학자 아들러는 '권력욕'을, 정신과 의사이자 심리학자 칼 구스타프 융은 '본능의 에너지'를 인격 형성의 큰 요인으로 생각했다.

미국 심리학회 회장을 지낸 에이브러햄 매슬로우는 인간에게는 다섯 단계의 욕망이 있다고 주장하였다.

"1)생리적, 2)안전, 3)사회적, 4)존경, 5)자기실현" 등

그런가하면 3세기의 랍비 이삭 루리아는 이렇게 말했다.

"욕망은 매일 새 힘으로 무장하고 인간을 찾아온다."

이 말은 들은 동료 랍비 시므온 벤 라키쉬는 이렇게 덧붙였다.

"어디 그뿐이라, 욕망이 인간을 죽이려 찾아온다."

그리고 탈무드 '수가'에는 욕망을 이렇게 말하고 있다.

"만약 욕망이 없었다면 이 세상에서 학문과 인간은 함께하지 못했을 테고, 남자와 여자도 마찬가지이다."

유대의 격언에 보면 "성급하게 쌓아올린 부는 금방 무너져버린다"라는 말이 있다. 욕망은 단기적 접근보다는 장기적인 접근이 바람직하다. 유대 사회에는 '뭐든지 처음이 어렵다'는 격언도 있다. 그래서 랍비 이차크 아라마는 "시작은 이미 절반의 성공이다"라고 말했다.

인간의 본능을 잘 이해하는 것이 최고의 선택이다.

욕망의 힘

랍비 이삭 루리아는 '욕망(欲望)은 날마다 새 힘으로 무장하고 인간을 찾아온다'라고 말했다. 여기 욕망(欲望)은 '육욕'만을 의미하지 않는다. 꼭 부정적으로 생각하지 말라. 한자 하고자할 '욕(欲)'을 자세히 들여다보면 하품 '흠(欠)'과 골짜기 '곡(谷)'으로 구성되어 있다. 하품은 입을 벌려 길게 숨을 쉬는 동작이다. 골짜기 곡(谷)은 갈라진 틈과 입'구(口)'로 이루어져 있다. 즉 '욕(欲)'이라는 글자는 '음식을 앞에 두고 입을 버린다'는 왕성한 식욕을 상징하고 있는 것이다. 즉 자신의 소유물로 삼고 싶어 사물을 자기 쪽으로 강하게 끌어당기려는 것이 욕망이다. 그러므로 욕망은 꿈과 희망의 다른 말로 간절한 바람이기도 하다.

이러한 의미에서 인간은 한마디로 '욕망 덩어리'로서 아무런 욕망이 없다면 그 사람은 죽은 것과 다름없다. 시나리오 작가 아인 랜드는 '그 무엇도 되고 싶지 않다는 욕망은 존재하고 싶지 않다는 욕망과 다름없다'라는 말을 하였다.

불교의 시조 석가모니(B.C567-484)는 본래 북인도 석가 부족의 왕자로 태어나 무엇 하나 부족함 없는 삶을 누렸다. 그러나 화려하고 사치스러운 왕궁 생활도 그의 마음을 채워주지는 못했다. 그는 욕망에 관한 마음의 문제를 해결하기 위해 왕궁을 버리고 출가했다. 이후 여러 수행을 하였지만 만족스러운 답을 얻지 못했다.

결국 마지막 순간 석가모니 자신이 스스로 얻은 깨달음은 '욕심'이나 '집착'을 버리는 것이다. 이를 불교에서는 '깨달음' 혹은 '해탈'이라 부른다.

석가모니는 마음을 강하게 사로잡는 욕망을 '번뇌'라 하며 몸과 마음을 고민에 빠트리고 괴롭히는 것으로 보기 때문에 보통 부정적인 뜻으로 사용한다.

누구나 성공하고 싶은 욕망을 갖고 있다. 인간의 잠재된 성욕, 권력욕, 식욕 등은 인간의 가장 밑바닥에 존재하는 욕망이다. 이 욕망은 밖으로 나오고 싶은 것이 기본적 심리이다.

18세기의 동유럽과 독일의 유대사회에서 막대한 영향력을 발휘한 랍비 엘리야 잘만은 "모든 욕망은 정화되고 이상화되어야 한다. 그러나 욕망을 없애서는 안 된다."라고 말한다.

이처럼 누구도 욕망을 부정할 수는 없는 것이다.

유대인 시인 하이네

> 가장 깊은 진리는 오직 깊은 사랑에 의해서만 생긴다.
>
> _ 하이네

독일의 시인 중에서 세계에서 가장 널리 알려져 있는 시인이다.

그러나 하이네의 첫 사랑은 고통스러웠다. 그가 사랑한 여인은 작은 아버지의 딸이었다. 이루어질 수 없는 사랑의 실연을 시집 <노래집>을 창작했다.

이 깊은 상처를

하이네

내 마음의 이 깊은 상처를
예쁜 저 꽃들이 알고 있다면
함께 울어서 이 아픔을
어쩌면 고쳐줄 수 있으리라

슬프게 아파오는 나의 마음을
나이팅게일 새가 알았더라면
즐거운 노래를 우짖어서
내게 힘을 북돋워주었으리라

나의 괴로움을 알았더라면
드높이 반짝이는 별들도
높은 하늘로부터 내려와서
상냥하게 위로해주었으리라

그렇지만 나의 이 슬픔을
아무도 알고 있지 못하나니
알고 있는 사람이란 나의 마음을

이렇게 찢어놓은 그녀뿐이라

유대인이며 세계적인 서정시인 하인리히 하이네(Heinrich Heine 1797-1856)는 상인의 아들로 태어났다.

하이네는 괴테, 쉴러와 더불어 19세기 독일 문학의 거두 중 한 명으로 평가받는다. 그의 시에는 사회의 모순을 고발하고 교회나 귀족을 날카롭게 비판하는 내용이었다. 결국 정부비판에 대한 죄목으로 체포의 위협을 느껴 1831년 파리로 망명하였다.

하이네는 독일 가난한 유대인 가정의 장남으로 태어났다. 그의 출판물은 대부분 금서로 지정되었다. 당대 최고의 작곡가들이 사랑하는 시가 하이네의 시들이었다. 이를테면 멘델스 존, 슈만, 브람스, 차이콥스키 등

하이네의 대표 시집 <노래의 책>에 있는 시구이다.

"말이 맺는 곳에서 음악은 시작된다."

다음은 하이네의 시 '꽃이 하고픈 말'이다.

그대는 아는 가

낮에는 진실하고

밤에는 사랑해달라는

그 예쁜 꽃들이 하고픈 말을...

사랑의 시인으로 불리는 하이네를 흔히 감상적 서정시를 쓴 시인으로만 알고 있지만 실은 이상적 혁명주의자였다. 그는 청년 혁명적 사회 정의 구현과 개인의 자유를 위하여 투쟁했다. 하지만 유대인 출생 때문에 본의 아닌 망명 생활을 해야 했고, 변호사 개업을 위해 기독교로 개종하였다.

하이네가 유대인인 줄 까맣게 모르고 그와 사랑을 나눈 독일 여인 메리, 결국엔 그녀도 하이네가 유대인이라는 것을 알게 되었고, 그녀의 부모님도 알게 되어 두 남녀의 사랑은 이루어지지 않았다.

결국 하이네는 독일 베를린을 떠나버린다.

독일 전통가요(Volkslied) '로렐라이(Die Lore-ley)'는, 하인리히 하이네가 1822년 발표한 시집 '귀향'에 수록된 시이다. 독일 작곡가 프리드리히 질허(Friedrich Sicher 1789~1860)가 1837년 곡을 붙인 노래가 바로 그 유명한 독일 민요 '로렐라이'다.

모티브는 원래 사이렌의 전설에서 유래한다. 사이렌은 그리스 신화에 등장하는 바다의 요정이다. 로렐라이는 '요정의 바위'라는 뜻으로 유럽 라인강 기슭에 있는 커다란 절벽 이름이다.

이 노래는 나치시대에는 가사를 쓴 하이네가 유대인이라는 이유로 금지당하는 수모를 겪기도 했다.

로렐라이

하이네

가슴 저며드는 까닭이야
내 어이 알리오,
옛부터 전해 오는 옛이야기
그 이야기에 가슴이 젖네.

저무는 황혼 바람은 차고,
흐르는 라인강은 고요하고,
저녁놀에
불타는 산정(山頂)

저기 바위 위에 신비롭게
곱디 고운 아가씨가 앉아 있네.
황금빛 노리개가 반짝이는데
금발의 머리카락 빗고 있네.

황금 비녀로 머리를 다듬으며
함께 부르는 노랫소리
노래는 신비로워

사공의 마음을 사로잡네.

걷잡을 수 없는 슬픔으로
넋을 잃은 뱃사공
뱃길 막는 암초는 보지 못하고
언덕 위만 바라보네.

끝내 사공과 그 배는
물결에 휩싸였으니
로렐라이의 옛 이야기는
노래의 요술.

화를 다스리는
처세법 배우기

화를 다스리는 지혜

★ 황금률

내가 대접받고자 하는 대로 상대방을 대접하라.

★ 백금률

상대방이 받고자 하는 대접을 예측하여 제공하라.

평소 사람들을 존중하고 친절하게 대하며 늘 올바른 태도를 보여라. 항상 긍정적인 언어를 표현하고 사용하라. 칭찬과 격려, 축하, 사과를 아껴서는 안 된다. 매사에 감사하고 긍정적인 모습을 보여라. 남들이 알아주지 않더라도 기꺼이 베풀 줄 알아야 한다.

결국 당신의 태도가 잠재력의 수준과 행동의 파급력을 결정한다.

화 가라앉히기

탈무드 격언에는 남에게 모욕적인 말을 해서는 안 된다고 가르친다.

"육체적 고통은 언젠가 없어지지만 모욕적인 말은 영원히 잊혀지지 않는다."

유대인 역사에서 다윗 왕(2대)과 사울 왕(1대)의 딸, 미갈의 사랑 이야기는 유명하다. 다윗은 자신이 왕으로 오르자 미갈을 자신의 왕비로 맞아들였다. 그러나 그들의 뜨거웠던 사랑은 가장 비극적인 이야기로 맺는다.

다윗은 유대인들이 가장 성스럽게 여기는 법궤를 가져오는 축하의 자리에서 너무 기쁜 나머지 많은 군중들 앞에서 열광적으로 춤을 추었다. 궁전의 창문 너머로 그 모습을 내다보고 있던 미갈은 왕의 신분에 어울리지 않게 행동을 보인다하여 가시가 돋친 빈정거림과 차디찬 말로 모욕을 주었다.(삼하 6:20) 화가 난 다윗은 아내의 질책에 잠시 분을 가라앉히지도 않고 곧바로 최대한의 독설적인 언사로 대꾸했다. 결국 잔혹한 말싸움 끝에 아내 미갈은 죽는 날까지 아이를 가지지 못하게 되었고, 그들의 애정 관계도 끊어지게 된다.

이처럼 화가 날 때 잘잘못은 나중에 따지고 언행을 조절해야 한다.

화를 다스리는 것이 먼저고 말은 그 다음이다. 심리학자 캐럴 태브리스는 경고하기를 "화가 극도에 달한 순간에 그 화를 표현하는 건, 백이면 백 당신을 더 화나게 한다"라고 말했다.

위에서 있었던 다윗과 미갈의 이야기에서 가장 슬픈 일은, 그들 중 어느 한 사람이라도 나서서 그들이 내뱉은 무례하고 잔혹한 말로써 끼친 피해를 회복하려고 노력한 흔적이 없었다는 것이다.

화를 다스리는 지혜

그러나 우리가 알아야할 것은 화가 났다고 하여 남에게 상처를 줄 권리가 없다는 것이다. 따라서 분이나면 그 화를 억제해 볼 방법을 모색해야 한다. 화가 나면 일단 잠시 동안이나마 자리를 뜨는 것이 가장 지혜로운 선택이다. 그래서 자신의 감정을 가라앉히려고 노력해야 한다.

1세기의 금욕주의 철학자 세네카는 "사람들은 어떤 자극을 받더라도 그들의 감정을 조절할 수 있다"라고 말했다.

실로 끔찍한 말을 막을 수 있는 순간은 화난 우리의 입에서 나오기 이전이다. 사람들이 화를 내게 될 때면 그들의 이성이 구부러져 폭언을 하게 된다. 잊지 말아야 할 유대인의 격언이다. "찢어진 옷은 곧 고칠 수 있지만, 심한 말은 어린 아이의 가슴에 못을 박아버린다." 특히 사람들 앞에서 모욕을 주는 것은 사람이 할 수 있는 가장 잔혹한 일들 중 하나이다. 그래서 남을 나무라거나 비평을 할 때 조차에도 다음의 세 가지를 명심해야 한다.

1. 지적하거나 비평할 할 때는 사석에서 한다.
2. 나무라는 말일지라도 친절하고 부드럽게 말한다.
3. 비교하지 말고 실수를 한 일에 대해서만 말한다.

많은 부모들이 말로써 아이들의 마음을 상하게 하는 한 가지는 남과 비교하는 것이다. <탈무드> 격언을 보면 "누구를 현명한 자라고 하겠는가? 자신의 행동으로 인해 후에 나타날 결과를 미리 내다보는 자이다. 그리고 아이들의 장래에 말이 끼치는 막대한 영향을 늘 기억하는 자이다." 또 다음의 말도 큰 가르침을 준다. "제 이웃을 여러 사람들 앞에서 모욕하는 자는 자신의 몸에서 피를 흘리는 것과 다를 바없다."

유대인들은 어릴 때부터 말조심과 화를 다스리는 지혜를 배우기에 모욕적인 말을 절대 사용하지 않는다. 분을 다스리기에 능하기 때문에 지배할 수 있었던 것이다.

감사할 줄 아는 마음

미국의 제16대 대통령 에이브러햄 링컨이 말하기를 "만반의 준비를 갖추고 있으면 언제가 반드시 기회가 온다." 한 번은 경제잡지인 '포 브스'지가 "목표를 이루기 위해 가장 필요한 직원의 역량으로 '인성'을 꼽았다"라는 기사를 실었다.

다음의 말들은 우리 삶에 가장 기본이 되어야 한다. 평소 매일 되 풀이해 써야할 말들이기도 하다.

"괜찮아요" "덕분입니다" "감사합니다" "참 잘했습니다"
"사랑합니다" "안녕하십니까?" "무얼 도와드릴까요?"
"고맙습니다" "오늘 행복했습니다" "최고였습니다"
"그럴 수 있지요" "참 잘 했습니다" "좋습니다"

유명한 이해인 시인은 '말로써 남에게 상처를 입히지 않으려는 단 호한 노력을 끊임없이 되풀이해야 한다'라고 하였다.

우리가 매일 '감사합니다'라는 표현에 익숙해지려면, 먼저 감사하는 마음을 가져야 한다. 감사한 하루를 그냥 무심히 지나치지 않도록 해 야 한다. 하루의 감사함을 표현하는 것이 지나치게 인색해서는 안 된 다. 수시로 나눌 수 있어야 한다.

우리는 가까운 사람들의 고마움을 모르고 당연히 받아들이거나 꼭 특별한 날에만 감사를 표해서는 안 된다. '감사하다'는 표현은 우리가 매일 실천해야 하는 말이다.

단번에 주도하는 플러스 화법

유대인들의 남다른 특징은 논리적 사고 능력을 가지고 있다.

어릴 때부터 논리적으로 생각하는 '연습'을 한다.

_ 유대인 사고능력

플러스 화법 활용하기

나는 어릴 적에 가까운 사람들로부터 '매너'라는 말을 한 번도 들어보지 못했다. 그런데 유대인들은 매너와 처세술을 어릴 때부터 연습시킨다. 그렇다보니 그들은 대화를 유도할 때 말을 건네기보다 미소와 맞장구로 시작하고 경청을 잘 한다.

경청은 그 어떤 말보다 값지며 눈빛, 표정, 맞장구로 이루어진 공감적 표현이다. 그리고 대화에서는 결론부터 말하는 두괄식 화법을 사용한다. 결론을 먼저 말한 후에 부가적 설명을 하고 마지막에 마무리를 한다.

또한 옷차림은 개인 이미지에 중요한 영향을 미친다. 그 사람의 현명함과 신뢰, 자신감을 한 눈에 알 수 있다. 그러므로 외모에도 신경 써야 한다. 좋은 첫인상을 심어주기 때문이다.

본인의 이미지를 좀 더 신뢰감 있고 전문성 있게 가꾸고 싶다면 옷차림과 헤어스타일부터 점검해 보자. 겉모습이 세련되고 자신감 있는 사람이 말투가지 싹싹하고 거기에 성격까지 좋다면 그 매력은 배가될 것이다. 그리고 기본 중의 기본인 인사도 신경 써야 한다.

인사로 맞이할 때 단순하게 "안녕하세요."라는 인사보다 다양한 문장을 붙여 보면서 플러스 대화로 만들 필요가 있다.

유대인 플러스 화법 7가지 요령

1. 눈을 맞추면서 이야기를 한다.
2. 표정을 밝게 유지하고 바른 자세를 취한다.
3. 자연스러운 제스처를 사용한다.
4. 강조할 부분이 있으면 억양을 주면서 이야기한다.
5. 육하원칙에 입각해서 이야기한다.

6. 숫자와 통계, 명사, 격언 등을 이용한다.

7. 거짓을 말하지 않는다(솔직함).

대화 분위기 조성

부단히 노력해 말은 품격있게 해야 한다.

그 사람이 말하는 것을 보고 교양 수준을 판단하는 기준이 되기 때문이다. 따라서 대화 시 단어 선택에 있어 저급하거나 격에 맞지 않는 말은 사용하면 안 된다. 그래 새로운 만남일수록 바짝 긴장하여 대화의 본론에 들어가기 전에 가벼운 위트와 유머러스하게 말(위트, 인사, 정보, 소식, 소개, 칭찬 등)로 긴장을 푸는 것은 소통에서 중요한 요령이다.

이는 분위기를 자연스럽게 이끌어가는 고급 기술이기도 하다.

협상이나 설득에 임하기 전에 상대방에 대해 알아두어 자연스럽게 이야기를 꺼낼 수 있는 분위기를 만들 수 있어야 한다. 그래야 대화 분위기를 주도할 수 있다. 즉 여유있는 표정을 갖고 대화를 이끈다.

유대인의 대화법을 보면 본론으로 들어가기 전에 유쾌한 잡담을 빠뜨리지 않는다. 실제 농담을 곁들여 좋은 분위기를 만들어 놓으면 상대방도 호의적인 태도를 보이고 대화가 매끄럽다. 환한 미소로 인사하고 첫인상을 좋게 심어놓는다. 본론 전에 흥미 있는 대화로 편안한 분위기를 조성한다.

유머나 간단한 위트, 농담은 사람의 마음을 편하게 만드는 효과가 있다. 또 장소를 바꾸면 기분이 전환되는 법칙도 있고, 대화가 길어지면 중간에 휴식 시간을 넣어도 좋은 효과가 있다.

그래서 최고의 언품은 편안한 대화 분위기를 조성하는 것이다.

바른 준비된 태도

특히 대화 자리는 실용적인 필기구와 복장을 갖추고 항상 메모지와 펜을 준비한다. 상대방이 나를 준비성 없다고 판단하지 못하도록 준비된 필기구를 준비한다. 또한 복장은 회사나 개인의 인격을 대표하는 얼굴이다. 고가의 명품 슈트를 입지 아니하더라도 자기만의 개성을 드러낼 수 있는 복장을 해야 한다. 또 회의나 모임 전에 옷매무새를 확인하기 위한 거울, 칫솔, 빗, 무스, 립크림과 핸드크림도 빠뜨리지 말고 점검하고 준비한다.

이러한 것들이 나를 눈여겨보게 만드는 비법이다.

세계적인 패션 디자이너 코코샤넬은 옷차림의 중요성에 대해 이렇게 말했다.

"옷을 잘 입는 사람을 보면 그 사람의 성격, 능력, 개성 등 모든 것을 파악하는 것이 가능하지만, 옷을 못 입는 사람은 기억에서 쉽게 사라져 버린다."

옷차림은 자기관리의 중요한 척도다. 그래서 옷을 잘 입는 사람들 곁에는 사람들이 많다. 이처럼 자신이 선택한 옷차림의 매력은 큰 영향력을 끼친다.

작은 부분이지만 좌석 위치도 중요하다. 차량으로 이동할 때는 상석과 하석이 있다. 우리나라에서는 상석이 뒷자리이지만 서양은 운전석 옆 조수석이 윗사람이 앉는 자리이고 뒷좌석이 부하직원이 앉는 자리다.

대화나 식사 테이블 역시 삼각형 형태로 앉는 것이 좋다. 식사자리에서 안쪽이 윗사람이 앉는 것이 바른 좌석이다. 그리고 앉을 때도 윗사람이 먼저 앉고 나서 앉는다. 일어날 때는 먼저 일어나 맞이한다.

똑똑한 말주변

유대인 가르침에 보면 "혀는 마음의 펜이다." 그래서 말은 내 마음을 고스란히 나타낸다. 일단은 철저하게 경청하되 가장 적절한 타이밍에 적합한 필요의 말을 한다. 또 유대인 속담에 '길을 헤맬 바에야 열 번 묻는 게 낫다'라는 말이 있다. 즉 모르면 모른다고 인정하는 것이 오히려 더 좋은 결과를 가져다준다는 의미다. 그러므로 솔직함은 좋은 소통법이다.

사람은 똑같은 사물을 보고 들어도 이해하는 관점이 다 다르기에 별생각 없이 내뱉은 말이나 태도가 상대방의 기분을 상하게 하는 경우가 있다. 그래서 항상 사람들과 대화에서는 상대의 말에 귀를 기울이고 그 사람의 심리와 입장에서 이해하려고 노력해야 한다.

대화에서 이야기가 시작되면 당당하고 신뢰감을 주는 어조로 주도권을 쥐고 이끌어가는 것이 중요하다. 노려보라는 것이 아니라 상대방의 눈을 깊이 쳐다보고 강렬한 눈빛을 의식하고, 그 다음 한마디 한마디를 정확하게 발음하고 강조하고 싶은 부분은 목소리 톤을 변화주어 전한다.

그리고 내 주장에 격언이나 현자들의 말을 덧붙이면 제3자의 지원 효과를 기대할 수 있다. 주장에 대한 권위나 신빙성으로 연결되어 상대방이 납득하기 쉬운 상황을 만들어준다.

격언은 사람들의 머릿속에 쉽게 남기도 한다. 특히 유대인의 격언은 위력적인 말들이 많다. 개인적으로 좋아하는 유대인 격언 중 하나가 "자신감을 가지면 반은 이긴 거나 다름없다." 또 하나의 격언은 "해결할 수 없는 문제는 없다"라는 말이다.

이처럼 의미를 이해하고 숙지하여 활용한다.

눈빛 대화

협상과 대화의 주도권을 잡는 사람들은 식사나 커피, 다과 등을 통해 대화로 나눈다. 커피를 마시면서 서로 소개를 하고 환영의 인사를 한마디씩 나눈다. 음식을 나누면서 대화를 하는 사람들의 특징은 웃음을 짓는다. 음식 앞에서는 유쾌하게 웃으며 대화를 누리게 되어있다. 편안하게 함께 식사를 나누면 서로의 진심으로 알 수 있다. 더 좋은 비즈니스의 확장으로 자연스럽게 이어진다.

이렇게 대화를 하면서 식사나 차를 마시는 것은 바로 상대가 나를 좋아하게 만들기 위한 한 방법이기도 하다.

그리고 미리 화제 삼을 이야기를 준비해 둔다. 식사 자리에서 무난한 생활정보나 취미, 자신의 일상생활 등을 준비하여 나누도록 한다. 금기해야 할 화제가 바로 정치와 종교, 그리고 사생활에 관한 질문이다. 그리고 "눈은 입만큼 많은 말을 한다"는 말이 있듯이, 사람의 눈만 봐도 감정을 읽을 수 있다. 특히 표정이 풍부한 서양인은 습관적으로 상대방의 눈빛을 민감하게 관찰한다. 그러므로 자칫 무뚝뚝한 표정으로 보이기 쉬운 동양인들은 의식적으로 밝은 표정을 만드는 게 좋다.

또한 팔짱을 끼고 남의 이야기를 듣거나 몸을 의자에 기대고 대화를 하는 경우가 있는 데, 이는 소극적인 태도이며 불성실한 자세이다. 시계를 본다든지, 휴대전화에 신경을 쓴다면 집중력이 떨어졌다는 의

미일 수 있다.

최고의 소통은 눈빛만으로도 교감할 수 있어야 한다. 대화의 시선
을 놓쳐서는 안 된다. 오롯이 눈으로 집중한다.

먼저 말하도록 배려하기

유대인들은 최고의 협상을 이끌어내기 위한 방법으로 다음의 4가지
를 실천한다. 우선 철저한 경청의 자세로 상대방에게 발언권을 내준
다. 먼저 말하게끔 질문으로 유도한다.

1. 상대방의 의향 먼저 파악하기
2. 그 정보를 토대로 해결책을 사전에 생각하기
3. 충분히 말하게 만들어 상대방을 만족시키기
4. 상대방이 말할 동안 전략을 재점검하기

첫 마디에 질문부터 할 수도 있지만, 오늘 만남의 취지 등 가볍고
무난한 이야기로 시작한다. 그 뒤에 부드러운 질문을 조금씩 덧붙여
나간다.

예를 들면 '오실 때 길이 많이 막히던가요?'라는 식의 업무와 상관

없는 일상적인 질문이 좋다. 그리고 질문을 했으면 반드시 맞장구도 치고 상대방의 이야기를 성의껏 잘 들어준다.

다음은 유대인의 처세법 요령을 정리해 보았다.

사전에 상대방에 대해 충분히 파악하여 준비하고 정보와 지식을 쌓아두어야 한다. 그래야 상대방에 대한 심리적 상황을 살펴가며 이끌어갈 수 있다.

지극히 자연스럽게 분위기를 장악한 뒤에 자기주장을 상대방이 받아들이게끔 만드는 기술이 뛰어나야 한다. 상대방이 적극적으로 주도할 만한 화두를 던져 적극적으로 말할 수 있도록 만들고 귀를 기울인다. 조금은 오버해서 맞장구를 쳐준다. 그리고 대화를 하다보면 상대방의 말이나 분위기에 휘말려서 처음의 설득 목적이 가려지는 경우가 있다. 따라서 설득 목적을 사전에 적어 둔다.

대화에서 절대 범하지 말아야 할 금기사항은 남에게 들은 이야기를 마치 내 경험인 양 떠벌리는 일이다. 또 나만의 선입견으로 판단해서는 안 된다.

14

가슴에 심는
묵상법

마음, 목숨, 힘을 다하는 삶

친구로부터 단 한 장, 단 한 방법, 단 한 구절, 단 한 표현,

혹은 단 한 글자라도 배운 사람이라면 그에게 존경을 표해야 한다.

_ 탈무드

거룩한 독서

미국 어느 교도소의 재소자 90%가 성장하는 동안 부모로부터 "너 같은 녀석은 결국 교도소에 갈거야!"하는 소리를 들었다고 한다.

독일의 대문호 괴테는 이렇게 말했다.

"인간은 보이는 대로 대접하면 결국 그보다 못한 사람을 만들지만,

잠재력대로 대접하면 그보다 큰 사람이 된다."

그러므로 우리는 늘 희망적인 말을 해야 한다.

어느 화창한 봄날이었다.

한 남자가 뉴욕의 공원에서 부랑자를 만났다. 그 부랑자는 'I am blind(나는 맹인입니다)'라고 적힌 푯말을 목에 걸고 구걸을 하고 있었다. 그러나 지나가는 사람들은 그냥 지나쳐 갈 뿐, 그 누구도 그에게 적선을 하지 않았다. 남자는 부랑자에게 다가갔다. 그리고 부랑자가 목에 걸고 있던 글씨를 바꾸어 놓고 그 자리를 떠났다. 그로부터 얼마간의 시간이 흐른 후, 그 부랑자는 뭔가 이상한 것을 눈치 챘다.

'이거, 이상한데. 지금까지는 누구 한 사람도 나에게 돈을 주지 않았는데, 그 남자가 오고 간 다음부터는 갑자기 적선해주는 사람이 많아졌어.'

부랑자의 적선 통에는 순식간에 동전이 넘쳐흐르고, 사람들마다 그에게 동정하는 소리를 해 주는 것이었다. '아까 그 남자가 행운을 주고 간 것일까? 그 남자는 마법사일까?'

사실 남자는 'I am blind(나는 맹인입니다)'라고 적혀 있는 말을 이렇게 바꿔 놓았던 것이다.

'Spring's coming soon. But I can't see it(바야흐로 봄은 오고 있으나, 나는 볼 수가 없답니다).'

그 남자는 프랑스의 시인, 앙드레 불톤이라고 한다.

꾸준한 독서와 글쓰기는 위대한 언변력을 갖게 한다. 그런데 이 보다 한 걸음 더 나아간 것이 묵상이다.

묵상은 되새김의 암송을 의미하며 내 가슴에 심어지면 그것을 마치 씨처럼 자라듯이 마음에 새기는 것이다.

이것을 고대 유대인들은 '렉시오 디비나'라고 말했다.

작별 인사

사실 우리는 말이 가진 위력을 알고 있으면서도, 그걸 표현하는 데는 인색한 편이다. 멋진 말을 해야 할 상황에는 침묵한다. 반면 화를 내거나 짜증내며 부정적인 말을 하는 데는 상당히 익숙한 편이다.

어느 유대인의 장례식에서 있었던 대화이다.

장례식이 끝나자, 슬픔에 찬 남편과 랍비만 남고 사람들은 묘지를 떠났다. 남편은 묘 앞에서 한 동안 앉아 있었다. 마침내 랍비가 그에게 다가가 말했다. "식이 끝난 지 오래되었으니 그만 떠나셔야죠."

남편은 랍비에게 먼저 가달라고 손을 저으며 말했다.

"당신은 이해 못하세요. 전 아내를 사랑했습니다."

랍비가 말했다.

"그러셨을 줄 압니다만 여기 상당히 오래 머무셨습니다. 이젠 가 보셔야죠."

또 다시 그 남편은 "당신은 이해 못하세요. 전 아내를 사랑했습니다."라고 말했다.

다시 한 번 랍비는 그에게 자리를 떠나도록 종용했다.

그러나 남편은 "그러나 당신은 이해를 못하세요, 저는 아내를 사랑했습니다..... 그리고 한 번은 사랑한다는 말을 그녀에게 얘기할 뻔한 적도 있었어요."

이 이야기를 읽으면서 나는 큰 후회를 했다.

내 마음 가운데 그토록 하고 싶은 말을 하지 못하고 작별인사를 하게 될 것에 대한 두려움이었다.

이 남자가 묘 앞에 서서 작별 인사를 하는 그때서야, 이전에 시간이 충분히 있을 때 하지 못했던 말을 새삼 깨닫게 된다. 자신의 마음 상태를 표현하지 못하는 모습에, 이렇게도 간단한 말인데도 표현하지 못했다.

어쩌면 오늘 그와의 만남이 마지막 대화일 수 있다.

힘이 되어주는 말들은 아끼지 말고 순간순간 반복되어야 한다.

랍비 잭 라이머(Jack Rimmer)는 삶에 기본이 되는 다섯 마디 말에 대해 다음과 같이 말하였다. 독자들도 기회가 있을 때마다 이 다섯 마디를 더 자주 실천해 줄 것을 촉구하는 바이다. 나 역시 다섯 마디를 매일매일 반복하여 말할 것을 결심한다.

"감사합니다" "사랑합니다" "고맙습니다"

"안녕하십니까?" "무얼 도와드릴까요?"

사실 우리도 고마움이 얼마나 큰지를 다 알고 있다. 그런데 그 감사함을 표현하는 것에는 지나치게 인색하다. 꼭 무슨 날에만 억지로 감사를 표현한다. 고맙다는 표현은 평상시에 해야 하는 말이다. 매일 되풀이해야 한다.

이스라엘아, 들어라

어쩌면 <탈무드>에서 가장 중히 여기는 자산은 "셰마, 이스라엘(이스라엘아, 들어라)" 정신이다. 이는 모세오경의 신명기 6장에 나오는 말씀이다. 요즘도 유대인들은 매일 아침, 정오, 저녁 최소 세 번 낭송한다. 이 말씀의 핵심은 마음, 목숨, 힘을 다하는 삶의 자세이다.

핵심 말씀은 <신명기 6장 5-7절>이다.

"당신들은 마음을 다하고 뜻을 다하고 힘을 다하여, 주 당신들의 하나님을 사랑하십시오. 내가 오늘 당신들에게 명하는 이 말씀을 마음에 새기고, 자녀에게 부지런히 가르치며, 집에 앉아 있을 때나 길을 갈 때나, 누워 있을 때나 일어나 있을 때나, 언제든지 가르치십시오."

여기서 '마음'은 히브리어 '레브'로서 '감성을 다하라'는 의미이다. '목숨'은 '네페쉬'로서 '영혼을 다하라'는 말이다. 그리고 '힘'은 '메호데'인데 '생각의 힘을 다하라'는 뜻이다.

또 하나 여기서 놓치지 말아야 하는 것은 습관화, 체질화, 인격화이다. 즉 <셰마, 이스라엘>을 몸에 밸 때까지 반복적으로 실천한다.

거룩한 묵상

오직 여호와의 율법을 즐거워하여 그의 율법을 주야로 묵상하는도다

그는 시냇가에 심은 나무가 철을 따라 열매를 맺으며 그 잎사귀가 마르지

아니함 같으니 그가 하는 모든 일이 다 형통하리로다

- 시편 1:2-3

렉시오 디비나 이해

아메리카 인디언들은 어떤 말을 '만 번'이상 되풀이하면 그 일은 반드
시 이뤄진다는 것을 믿는다. 그런가하면 유대인들은 매일 '셰마, 이스
라엘'을 암송한다.

나는 신학박사 학위 논문에서 거룩한 묵상법 <렉시오 디비나 방법>을 연구하였기에 수도승들이 말씀을 읽던 수행의 한 방법을 연구하여 재활용하였다. <렉시오 디비나(Lectio Divina)>는 한 마디로 몸과 마음, 영혼을 다해 읽던 독서법이다. 라틴어 명사 독서(lectio)와 형용사 신적(divina)로 되어 있는데 여기서 디비나(divina)는 하나님의 말씀을 뜻한다. 그래서 '성경 독서' '거룩한 독서' 또는 '성독(聖讀)'으로 번역할 수 있다.

본래 '렉시오 디비나'의 전통은 유대인 회당에서 랍비들과 그 제자들이 했던 말씀 묵상에 뿌리를 두고 있다. 말씀에 대한 독서, 묵상, 기도로 이루어진 유대교의 전통적인 방법이다.

이 렉시오 디비나는 귀고 2세에 의하여 수행 방법으로 체계화되었다.

영적 사다리 4단계

- 독서(lectio) : 먼저 말씀을 찬찬히 정독하고 들음.
- 묵상(meditatio) : 그 말씀의 의미 등을 곰곰이 되새겨 봄.
- 기도(oratio) : 말씀이 마음을 건드림.
- 일치(contemplatio) : 하나님과 일치의 경지에 들어감.

호흡을 가다듬으며 몸과 마음이 편안해 지도록 한다. 즉 침묵에 들어가는 것이다.

12세기의 귀고 2세 아빠스는 렉시오 디비나의 네 단계를 이렇게 말하였다.

"어떤 말씀 대목을 읽을 때(lectio), 마음에 와 닿는 구절이 있으면 마치 소가 여물을 되씹으면서 소화시키듯이 그것을 계속 되뇌입니다(meditatio). 그 말씀을 계속 되뇌다 보면 그 말씀이 마음속에 완전히 스며들게 되고 그 말씀을 통해 현존하시는 하나님께 자연스럽게 기도(oratio)를 바칠 수 있게 됩니다. 이러한 기도가 깊어질수록 하나님과 일치를 이루는 관상(contemplatio)으로 발전하게 됩니다."

렉시오 디비나 구체적인 방법

가장 좋은 효과를 내는 구체적 방법은 작게 시작해서 점점 확장해 나가는 것이다. 조급하게 생각하지 말고 씨앗의 원리를 생각하라. 목표를 세우고 성실한 마음으로 꾸준히 실천하라. 그 흐름을 보면 아래와 같다.

1. 큰 소리로 읽는다.(책, 신문, 말씀, 이야기, 학습 주제 등)

우선 읽을 책이나 본문을 선택한다. 그리고 큰 소리로 본문을 읽는다. 마치 낭독하듯이 소리에 강약고저는 물론이고 리듬감을 주어서 읽는다.

2. 이해하는 과정으로 묵상과 쓰기를 한다.

선택한 본문의 문맥을 잘 읽고 잘 이해하여야 질문과 토론을 할 수 있다. 묵상과 쓰기 습관을 처음부터 들여야 한다. 여기서 중요한 것은 밑줄을 그어 두는 것이 좋다.

3. 작은 단위로 토막 내어 암송하며 말한다.

문장의 뒤쪽에서부터 작은 단위로 나누어서 읽고 반복해서 소리 내어 읽는다. 아무리 긴 내용도 짧게 나누어서 쓰고 읽으면 암송하게 되고 정복할 수 있다. 먼저 첫 토막을 소리 내어 읽는다. 그것이 익숙해지면 다음 토막을 이어서 읽는다. 그런 다음 이어지는 세 번째 토막을 읽는다. 계속 토막을 내되 붙여서 읽는다. 그렇다 보면 아무리 길고 어려운 것일지라도 거뜬히 매끄럽게 암송하게 되고 말하게 될 것이다.

< 실전 사례 보기 >

<u>이솝우화 _ 배고픈 산 나귀와 배부른 집 나귀</u>

『거칠고 험한 산에서 살아가는 산 나귀가 있었습니다. 산 나귀는 이 곳저곳 돌아다니며 자유롭게 살았습니다. 다만 가끔 무서운 동물에 게 쫓기거나 먹을 양식이 부족해 배가 고픈 것이 문제였고 종종 굶기 도 했습니다.』

그런데 어느 날 산 나귀는 양식을 구하러 다니다가 우연히 집 나귀 를 만났어요. 집 나귀 한 마리가 따사로운 햇살을 받으면서 한가롭게 풀을 뜯어먹고 있었습니다.

1) 한 문맥을 작게 나누기

거칠고 험한 산에서 / 살아가는 / 산 나귀가 / 있었습니다.
산 나귀는 / 이곳저곳 돌아다니며 / 자유롭게 살았습니다.
다만 / 가끔 / 무서운 동물에게 쫓기거나 / 먹을 양식이 부족해 / 배 가 고픈 것이 문제였고 / 종종 / 굶기도 / 했습니다.

링컨의 말이다. / "나침반은 / 당신이 선 곳에서 / 정북을 가르쳐줄 것 이오. / 하지만 / 그 길에서 만날 늪과 / 사막과 협곡은 / 알려주지 않지요. / 장애물에 주의하지 않고 / 목적지로 내달리다 늪에 빠져버리면/ 정확한 방향을 안들 / 무슨 소용이 / 있겠소?"

(작게 나누데 '/'는 색펜으로 나누고, 약 1초 정도의 시간 속에 호흡을 들숨 해 준다. 강약고저의 리듬을 주어 읽는다.)

2) 첫 번째 토막을 소리 내어 읽기(다섯 번)

/있었습니다. /있었습니다. /있었습니다. /있었습니다. /있었습니다.

3) 두 번째 토막을 소리 내어 읽기(다섯 번)

 산 나귀가 / 산 나귀가 / 산 나귀가 / 산 나귀가 / 산 나귀가

4) 두 토막을 연결하여 읽기

 / 산 나귀가 / 있었습니다.

 / 산 나귀가 / 있었습니다.

 / 산 나귀가 / 있었습니다.

 / 산 나귀가 / 있었습니다.

 / 산 나귀가 / 있었습니다.

5) 세 번째 토막을 소리 내어 읽기(다섯 번)

 / 살아가는 / 살아가는 / 살아가는 / 살아가는 / 살아가는

6) 세 토막을 전부 연결하야 읽기(다섯 번)

/ 살아가는 / 산 나귀가 / 있었습니다.

/ 살아가는 / 산 나귀가 / 있었습니다.

/ 살아가는 / 산 나귀가 / 있었습니다.

/ 살아가는 / 산 나귀가 / 있었습니다.

/ 살아가는 / 산 나귀가 / 있었습니다.

7) 네 번째 토막을 소리 내어 읽기(다섯 번)

거칠고 험한 산에서 /

거칠고 험한 산에서 /

거칠고 험한 산에서 /

거칠고 험한 산에서 /

거칠고 험한 산에서 /

8) 네 토막을 전부 연결하야 읽기(다섯 번)

거칠고 험한 산에서 / 살아가는 / 산 나귀가 / 있었습니다.

거칠고 험한 산에서 / 살아가는 / 산 나귀가 / 있었습니다.

거칠고 험한 산에서 / 살아가는 / 산 나귀가 / 있었습니다.

거칠고 험한 산에서 / 살아가는 / 산 나귀가 / 있었습니다.

거칠고 험한 산에서 / 살아가는 / 산 나귀가 / 있었습니다.

러시아 속담에 보면 "반복은 학습의 어머니"라는 말이 있다. 힘들겠지만 이렇게 습관이 들여지고 꾸준히 반복적으로 해주고 나면 웬만한 문장은 힘들이지 않고 암송하게 되고 또렷하고 화려하게 말하게 된다. 뿐만 아니라 이해력과 사고력이 자라나 창의적인 발표력이 향상되게 된다.

또한 이런 묵상과 쓰기, 작게 쪼개어 소리 내어 읽어주기를 통해 목소리에 감각이 생기어 감성적 대화력(力)을 갖추게 된다.

※ 참고문헌 및 관련 기사들

유대인 수업, 마빈 토케이어, 역 이재연, 탐나는 책

빅터 프랭클의 죽음의 수용소에서, 빅터 프랭클, 역 이시형, 청아출판사

천년의 지혜 탈무드, 마빈 토케이어, 역 강영희, 한비미디어

무지개 원리, 차동엽, 동이(2006)

하브루타로 교육하라, 전성수, 예담

유대인의 말, 데시마 유로, 이민영 역, 21세기북스

토론 탈무드, 양동일, 매일경제신문사

이디시콥, 랍비 닐턴 본더, 김우종 역,

죽기 전에 한번은 유대인을 만나라, 조셉 텔루슈킨, 김무겸 역,

질문하는 공부법 하브루타, 전성수, 양동일, 라이온북스

유태인의 상술, 후지다 덴, 진웅기 역, 범우

후츠파로 도전하라, 정효제, 상상나무

부모라면 유대인처럼, 고재학, 예담

탈무드의 지혜, 마빈 토카이어, 현용수 역, 동아일보사

탈무드의 웃음, 마빈 토카이어, 현용수 역, 동아일보사

세계를 지배하는 유대인의 파워, 박재선, 해누리

유태인의 공부, 정현모, 성안당

유태인 가족대화, 슈물리 보태악, 정수지 역, 랜덤하우스

0.25%의 힘, 육동인, 아카넷

유대인 아버지의 4차원 영재교육, 현용수, 동아일보사

옷을 팔아 책을 사라, 현용수, 쉐마

유대문화를 통해 본 예수의 비밀, 이진희, 쿰란출판사

유대인 생각공부, 쑤린, 권용중 역, 마일스톤

유대인 창의성의 비밀, 홍익희, 행성B잎새

유대인의 한마디, 랍비 조셉 텔류슈킨, 현승혜 역, 청조사

유대인의 말, 이시이 마레히사, 추지나 역, 라르고

이솝우화로 읽는 경제 이야기, 서명수, EK

협상의 달인, 에드 브로도, 김현정, 민음인

유대인의 역사1, 폴 존슨, 김한성 역, 살림

유대인이 대물림하는 부자의 공리, 랍비 셀소 쿠키어콘, 이미숙 역, 북스넛

유대인의 생각하는 힘, 이상민, 라의눈

유대인 하브루타 경제교육, 전성수, 양동일, 매일경제신문사

후츠파로 일어서라, 윤종록, 하우

질문이 있는 교실, 전성수, 고현종, 경향BP

탈무드, 마빈 토케이어, 전혜경, 혜원

유대인처럼 협상하라, 마크 도미오카, 전새롬

613계명 미츠밧, 김재수, 굿 호프

유대인 농담 101가지, 이록, 박정례 옮김, 한국경제신문

쿰람문서와 유대교, 김창선, 한국성서학연구소

유대인 3000명에게 협상, 마크 도미오카, 전새롬 역, 비전코리아

유대인 경제사, 홍익희, 한스미디어

천금말씨, 차동엽, 교보문고(2014)

당신은 사과의 말을 배운적이 없다, 정병태, 한덤북스(2016)

백배의 열매를 맺으리, 차동엽, 에우안겔리온

행복도 선택이다. 이민규, 더난출판

새벽에 읽는 유대인 인생특강, 장대은, 비즈니스북스

유대인 부모들의 소문난 교육법, 마빈 토케이어, 역 이현, 리더북스

유대인의 탈무드식 자녀교육법, 이대희, 베이직북스

어른들을 위한 탈무드, 박안석, 김영환, 이신표 공저, 빅북(2019)

곁에 두고 읽는 탈무드, 이시즈미 간지, 역 성윤아, 홍익출판사(2016)

※ 참고 영상

KBS 스페셜, <0.2%의 기적, 유태인 성공의 미스터리>

EBS <세계의 교육현장, 유태인편>

SBS 스페셜, <초강대국 미국을 이끄는 유대인의 힘>

EBS 다큐프라임, <왜 우리는 대학에 가는가>

더 인터뷰, 조선일보 위글리비즈 팀, book21

구글 위키백과 사전

매일경제 기사:

https://www.mk.co.kr/news/society/view/2015/04/405753/

관련 블로그

*유대인 및 탈무드 관련 서적과 기사들을 참고하였다. 혹 누락된 참고문헌이나 출처는 추가하여 밝히도록 하겠다.

1등 천재머리법

2021년 10월 30일 초판 1쇄 발행

지 은 이 정병태
이 메 일 jbt6921@hanmail.net
디 자 인 디자인이츠
펴 낸 곳 한덤북스
교정교열 박제언
신고번호 제2009-6호
등록주소 서울시 영등포구 문래동 164, 2동 3803호(문래동3가, 영등포SK리더스뷰)
팩   스 (02) 862-2102

ISBN 979-11-85156-37-8 03190
정가 15,000원